集人文社科之思　刊专业学术之声

刊　　名：中国社会心理学评论
主　　编：杨宜音
主办单位：中国社会科学院社会学研究所

(Vol.14)Chinese Social Psychological Review

编辑部

联系电话：86-10-85195562
电子邮箱：ChineseSPR@126.com
通信地址：北京市东城区建国门内大街 5 号中国社会科学院社会学研究所

第14辑

集刊序列号：PIJ-2005-005
中国集刊网：http://www.jikan.com.cn/
集刊投约稿平台：http://iedol.ssap.com.cn/

中国
社会心理学
评论

第14辑

Chinese Social Psychological Review

(Vol.14)

○ 杨宜音 / 主编

汪新建　吕小康 / 本辑特约主编

刘力　王俊秀 / 副主编

社会科学文献出版社　SOCIAL SCIENCES ACADEMIC PRESS (CHINA)

主编简介

杨宜音 博士，中国社会科学院社会学研究所社会心理学研究中心主任、研究员、博士生导师，中国社会心理学会理事长（2010～2014），《中国社会心理学评论》主编。2016年起任哈尔滨工程大学人文与社会科学学院教授、博士生导师，中国传媒大学新闻传播学院传播心理研究所教授、博士生导师。主要研究领域为社会心理学，包括人际关系、群己关系与群际关系、社会心态、价值观及其变迁等。在学术期刊和论文集中发表论文100余篇。代表作有：《"自己人"：一项有关中国人关系分类的个案研究》[（台北）《本土心理学研究》2001年总第13期]、《个人与宏观社会的心理联系：社会心态概念的界定》（《社会学研究》2006年第4期）、《关系化还是类别化：中国人"我们"概念形成的社会心理机制探讨》（《中国社会科学》2008年第4期）。

电子信箱：cassyiyinyang@126.com。

本辑特约主编简介

汪新建　南开大学周恩来政府管理学院社会心理学系教授、博士生导师,中国社会心理学会候任会长,中国心理学会社会心理学分会理事长,中国心理卫生协会常务理事。曾获宝钢优秀教师奖及国家级精品课程奖,主要研究方向为文化与社会心理学、心理咨询与心理治疗理论。目前是教育部哲学社会科学重大攻关项目"医患信任关系建设的社会心理机制研究"的首席专家,曾主持多个国家哲学社会科学基金和教育部人文社会科学研究项目。

吕小康　南开大学社会心理学系副教授,天津市社会心理学会常务理事,主要从事文化与社会心理学研究,在《社会学研究》《社会》《心理学报》《心理科学进展》《心理科学》等社会学、心理学的代表刊物上发表论文多篇,主持或作为子课题负责人参加教育部重大攻关项目、国家社科基金项目、天津市哲学社会科学规划项目多项。目前研究领域集中于对医学相关现象的社会学、心理学、管理学的交叉视角研究,尤其关注当下中国社会的医患关系与健康不平等问题。

中国社会心理学评论　第14辑

2018年6月出版

目　录

CONTENTS

医患信任认知与信任修复

卷首语

汪新建

本辑《中国社会心理学评论》承接上一辑的主题，继续围绕"社会信任与医患关系"进行更为广泛和深入的理论探究与实证分析。对信任这样一种复杂的社会心理现象，多元视角的理论关切和多重面向的实证分析是不可或缺的。总体上来讲，社会心理学的研究立足于中微观的分析水平，以对信任的具体面向或具体领域提供理论洞察或实证支撑见长。基于这一学科特点，本辑设置"医患信任与冲突""社会信任""医患信任认知与信任修复"三个大栏目，每个栏目下再就相关主题呈现研究论文。

其中，"医患信任与冲突"这一主题，有七篇论文。李宇和王沛《医患信任关系建设的社会心理机制研究构想》从社会建构论的思路出发，提出医患信任的过程性理论框架，将直接的医患人际关系与宏观社会环境和微观医事活动环境相结合，从而提出"原发性医患信任""互动性医患信任"这两个具有创新性的概念，前者反映医患直接接触之前的社会心理活动背景，后者则聚焦医患接触的始末过程。在医患接触时，原发性信任是隐而不彰的，是双方不容易自觉的，如果没有被互动过程激活，它的作用是隐形的。互动性医患信任又被分为"初始"和"即时"，反映出医患关系的动态性和建构性，医患双方都在场，形成了情绪场、角色场、权力场。这一分析框架对医患信任的整体研究具有理论性的引领作用。接下来的五篇文章中，杨艳杰和褚海云的《基于PAC人际交互作用理论的医患关系优化模式构建》、伍麟和吴玥的《医患角色认同的冲突与医患信任的困境》、程婕婷的《交换资源特征对医患信任的影响：社会交换理论的视角》、朱艳丽的《患者社会地位感知与对医信任：差别性的影响因素》和艾娟的《医患冲突情境下的竞争受害者心理及其对策》，紧紧围绕医患互动中的患者地位感知、资源权力交换、受害者弱势心理进行了出色的分析，大大丰富了医患"互动"场域中，双方丰富的、具体的社会心理特性。该栏目下的第七篇论文是贺雯等的《元刻板印象威胁对医患关系的影响：群际焦虑的中介作用》，更多从原发性信任的群际关系角度提出了群际焦虑对刻板威胁导致的医患冲突的中介作用。

这些研究的特点是：第一，将医患关系看作一个互动过程；第二，医患关系是一个联系着大社会的小社会，是大小社会相互嵌入下的关系。它不是一个简单的人与人之间能不能建立信任的问题，而是不同角色的人之间、不同地位的人之间、不同资源占有者之间、不同主观地位认同和不同地位关系感知的人之间能不能建立信任，如何建立信任的问题。这些研究中，有些特别秉承了符号互动理论、角色理论、社会结构理论、群际关系理论、权力地位的分析视角等更具"社会"的社会心理学理论，有些则从情绪的角度入手，拓展了信任研究的边界。

"社会信任"这一主题的论文也有亮点。四篇论文中，张淑敏提出了宽容与信任的"认同－渲染"模型构想。她从宽容的概念出发，试图从人际、群际和文化三个维度，以认同和渲染过程联系信任与宽容。这一理论的构想尚显粗浅，但值得鼓励。在建构信任社会的过程中，提升社会成员、社会群体间的宽容度，是一个必不可少的过程。但目前学界对信任与宽容之间的联动研究还不多，有必要结合具体研究领域加以拓展。周一骑等的《童年经历及当前压力感知对人际信任的影响》把信任与发展心理学的生命史理论、生命策略理论联系起来，比较童年经历和当下感受对信任的影响，也反映了信任的大－小社会、过往－当下相互嵌套的思想。王磊的《社会信任与家庭幸福感的关系初探》和吕小康等的《消费不平等对社会信任的影响：社会地位的中介作用》都是用数据资料来分析影响社会信任的一些因素。这些研究不仅使我们了解宏观状况，而且通过实证分析寻找相关变量间的潜在关系，从而帮助人们更深入地理解信任这一现象，并可为后续的信任研究提供指引。

"医患信任认知与信任修复"的研究则关注到信任被破坏后重建的过程。尽管一些相关领域，例如社会政策、社会学、经济学也关注社会信任的制度建设、监管和责罚问题，但对于修复重建信任的社会心理因素的关注还是十分欠缺的。本辑在这一主题下收录了三篇论文。姚琦等的论文《内隐人格理论与道歉方式对信任修复效果的影响》通过实验研究，发现相对于外归因的道歉方式，内归因的道歉方式的修复效果更好。汪新建和申悦的《医方对消极医疗结果的责任归因研究》直接聚焦责任归因，与王华和刘金兰的《关系就医与关系信任：中国医患形成初始信任判断的认知捷径》都从社会认知的角度探讨医患信任过程中的某些社会和文化的特殊性，是很有前景、值得推进的研究。此部分两篇实验类文献的引入，使我们对信任修复过程的相关因果机制能有更具确证性的证据。

　　本辑《中国社会心理学评论》发表的这些国内社会心理学界关于社会信任尤其是医患信任方面的最新研究成果，特点在于多元视角和边界拓展，反映了学界积极的理论探索和严谨的经验研究，必将推动社会信任的社会心理学研究与应用的进一步深入。当然，在连续两辑的组稿过程中，我们也发现目前国内关于医患信任和社会信任的社会心理学研究还存在一些值得改进的地方。今后的工作，至少可从以下三个方面继续推进。第一是具有高信效度的信任测量工具的建构与推广。应建构满足心理测量学标准的严谨量表，而非一般的、社会学意义上的问卷，从而提供更为精确的测量工具并进行规模的数据采集，以精准地掌握国内医患信任、社会信任的水平与变化趋势。第二是基于这些标准化测量工具，展开更为精确化设计的实证研究，尤其是聚焦具体社会信任现象的实验室实验和现场实验研究，从而发现信任形成、改变、破裂与修改的因果机制，为信任干预措施的提出积累经验证据。第三是推进社会信任与医患信任的大数据研究。目前的研究多依赖传统的问卷法、实验法和访谈法进行，而网络技术的进步已经提供海量的信任文本资料，只是囿于技术水平与分析方法的局限，目前还较少有学者能够利用相关的计算机技术和文本分析技术进行梳理与分析。期待国内社会心理学者能够赶上网络数据获取与分析的技术潮流，将大数据技术为我所用，共同拓展医患信任、社会信任以及整体社会心理学研究的宽度与深度。

中国社会心理学评论　第 14 辑

第 4～15 页

© SSAP，2018

医患信任关系建设的社会心理
机制研究构想[*]

李　宇　王　沛^{**}

摘　要：本文从社会心理学建构论的视角出发，建构了医患信任关系建设的社会心理机制模型，主张医患信任关系是一种医患双方——信任方与受托方角色互动的信任过程。在此基础上进一步提出了医患信任的过程性理论框架：基于就医前医患之间的“原发性信任”，通过医患双方的互动产生“互动性信任”，最终形成较为稳定的医患信任关系。据此揭示医患信任作为大社会中的医患制度信任、医患群际信任与小社会中的医患人际互动相互嵌入的特性。其中，隐性的“原发性医患信任”反映着医患直接接触之前的社会心理活动背景，在医疗活动中为医患双方的互动过程所激活；“互动性医患信任”则聚焦于医患接触的始末并且分为“初始”状态和“即时”状态，反映出医患关系的动态性和建构性。

关键词：医患信任　制度信任　群际信任　原发性医患信任
互动性医患信任

医患信任危机已然成为我国当前医疗领域乃至整个社会层面都面临的

---

*　本研究得到国家社科重大招标项目（17ZDA327）、国家社科基金（17BSH093）、国家自然科学基金面上项目（71473261）和上海哲社规划课题（2015BSH004）的资助。

**　李宇，女，上海师范大学教育学院心理学系博士生，宁波大学心理学系讲师；王沛，男，上海师范大学教育学院博士生导师、教授。

迫切需要解决的顽疾。但是目前学界对医患信任的研究，多集中于探讨医患信任关系的产生与影响因素等方面，停留于对现象的考察上。具体体现在以下几个方面。首先，医患信任问题虽然已引起国内外学者的高度关注，但是具体研究还处在起步阶段，尤其在国内，学术成果比较零散，没有形成系统的理论架构。其次，国内的研究多数运用社会学理论和理论推演的方法。医患信任的研究方法亟须结合多学科由单一向多元化转变（侯蕾，2017；张建华等，2012；周常春、徐雪，2015）。再次，目前提出的医患信任修复措施，并没有使用实证研究作为支撑，亟须在理论与实证研究的基础上展开一系列干预性的研究。另外，我国当前正处于新医疗体制改革的大背景下，一系列政策推进、制度保障是否可以有效改善医患信任关系？针对这种情况，医患信任研究需要紧密结合国情，也将是未来医患信任研究的重点（汪新建、王丛，2016）。

因此，研究者们亟须在前人研究的基础上，提出整合的医患信任关系建构理论。从这一初衷出发，我们尝试从社会认知的研究视角，对医患信任关系进行有效剖析，提出医患信任关系建设的社会心理机制模型，为进一步的研究起到抛砖引玉的作用（王沛、林崇德，2005；王沛、贺雯，2015）。

一　医患信任关系建设的社会心理机制模型总述

结合以往学者们的研究，我们提出了医患信任关系建设的社会心理机制模型。该模型认为，医患信任关系是一种双向的相互关系。关系中的信任方与受托方具有多元化的特点。从信任方来说，"医方"除了医生之外，还包括医院里的其他医护人员；"患方"除了患者之外，还包括患者家属与患者的监护人（Egede & Ellis，2008）。从受托方来说，涉及面也较之前更为广泛，内容更加丰富，除了"医方"与"患方"个体之外，还拓展至双方群体以及医疗制度。

如图1所示，社会心理机制模型旨在整合医患信任关系的结构表征与动态建构过程。就医患信任关系的结构而言，医患信任可分为对医疗制度的信任、医患双方群体间的普遍信任以及医患互动中双方个体间的人际信任三大类，即制度信任、群际信任与人际信任；与此同时，就医患信任关系的动态建构过程而言，医患信任至少包含就医前的信任与就医过程中的信任两大递进性成分，即原发性信任阶段与互动性信任（包括初次接触之后形成的初始性信任与多次接触形成的即时性信任）阶段，最终形成阶段性的较为稳定的医患信任关系。

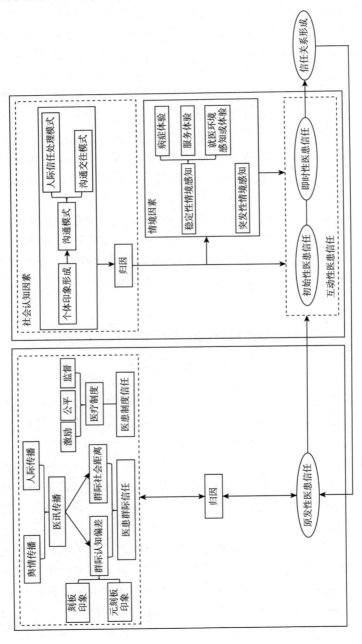

图 1 医患信任关系建设的社会心理机制模型

具体来说，在就医之前，医患双方通过医患群际信任与医疗制度信任经由归因的作用形成医患原发性信任；在就医过程中，受之前原发性信任的影响，加之社会认知因素与情境因素经由归因形成医患互动性信任中的初始性信任与即时性信任；在就医结束后，经过医患双方的互动最终形成医患信任关系，这种信任关系随后又反过来影响医患之间的原发性信任。医患群际信任、医患制度信任与医患人际信任这三类信任联合在一起，并以医患人际信任为核心，分别影响着医患信任关系形成的各个阶段，即医患原发性信任与医患互动性信任，最终形成较为稳定的医患信任关系。

下面，我们将结合前人研究具体阐述医患信任的概念及类型（这是模型的基础）、模型的基本内容与研究构想。

二　医患信任内涵

（一）医患信任概念

目前，大多数研究者从患者的角度来定义和探讨医患信任（Moskowitz, Thom, Guzman, Penko, Miaskowski, & Kushel, 2011）。他们认为，医患信任是指患者对医生能力和动机的信心，相信医生将从患者最大利益出发而做出符合预期的行为（Pearson & Raeke, 2000；Montague, 2010）。显然，该定义忽视了医生对患者的信任与患者的不确定感之间的关联，致使医患信任关系的构建犹如镜花水月般飘渺、虚幻。

信任，是一种双向关系（汪新建、王丛，2016）。医患信任也是如此，是一种双向互动的关系。患者需要将自己的健康，甚至生命托付给医生，规避各种医疗风险；医生也需要信任患者，相信患者会尊重自己，积极配合诊疗，使医疗过程顺利进行，这种患方信托医方，医方也理解患方，双方交往无设防的心态被称为医患信任（朴金花、孙福川，2013）。也就是说，医患信任关系实质是医生与患者之间的"人与人"的关系，在它的建立和发展过程中，医生和患者在医疗过程中建立、发展、利用和维持相互义务关系的活动对于医患关系的运作来说具有特殊且重要的作用。

对医患信任基本内涵的厘清，有助于加深对医患信任关系的认识与理解，为开展深入、系统的研究与实践工作奠定坚实的基础。

（二）医患信任类型

基于医患信任概念的界定，进一步将医患信任进行了分类。以往对医患信任的分类，较多关注的是静态的类型。例如，常见的分类是将医患信任分为对于医疗体系的一般信任（general trust）和对于具体医生的人际信任（interpersonal trust）（刘威、郭永瑾、鲍勇，2010）。或者根据卢曼的信任分类基础，将医患信任分为人际信任和制度信任（刘小龙、勾瑞波，2017；房莉杰、梁小云、金承刚，2013）。新近也有学者提出，医患信任包括个体信任与群体信任（柴民权，2017；朴金花、孙福川，2013）。

我们认为，医患信任关系的构建，不仅要关注医患信任的静态的结构类型，更要关注在信任构建与修复过程中动态的类型。因此，将医患信任的类型分为两大类，即静态的医患信任结构和动态的医患信任类型。静态的医患信任结构，我们在前人研究的基础上提出，包括对医疗制度的信任、医患双方群体间的普遍信任以及医患互动中双方个体间的人际信任三大类，即制度信任、群际信任与人际信任。动态的医患信任类型，根据就医过程中的医患双方信任关系的建构过程，分为原发性信任阶段、互动性信任阶段以及较为稳定的医患信任阶段。原发性信任指的是在就医之前，医患双方根据群际认知与医疗体制的积极预期而愿意承受相应的风险。互动性医患信任指的是在医患双方互动过程中形成的，信任方对受信方的意图与行为的积极预期，并且愿意承受相应的风险所表现出来的医患个体间的互动性的人际信任，包括初次接触后形成的初始性信任与在接触过程中形成的即时性信任。在这两大递进性成分的基础上，最终医患双方形成阶段性的较为稳定的医患信任关系。

三　模型的基本内容与研究构想

（一）医患群际信任的心理机制及其对医患信任关系的影响

医患群际信任是衡量医患关系的一个重要尺度（Brewer，2008；Lount，2010）。医患群际信任是指，医患双方在群际互动中对外群体成员的行为或意向做积极预期而且愿意承受相应的风险，从而表现为内群体成员对外群体成员的信任（Vezzali，Capozza，Stathi，& Giovannini，2012）。医患群际关系的建立受到多种因素的影响。根据社会冲突理论，权威的医生群体与弱势的患者群体双方各自的利益诉求在舆情传播与舆论引导的作用下将导致群际信任危机。医讯传播（舆情传播↔人际传播）对于信任的形成具有重要的作用（汪新建、王骥，2017）。从社会认同的角度来说，认知偏差也是群际信任的一大影响因素。研究表明，包含群体刻板印象偏差和元刻板印象偏差的认知偏差是导致医患群际信任缺失的主要动因（Hewstone，Rubin，& Willis，2002）。因此，可以将此理论拓展至医患关系领域。另外，有研究者发现，社会距离也是影响群际信任的重要因素（Hipp，2007；王桂新、武俊奎，2011）。

　　基于此，我们认为，医患群际关系的建立起始于良好的群际认知，这一认知模式的建立受到医讯传播、认知偏差与社会距离等因素的影响。鉴于医患群际信任的动态性、复杂性和系统性，医讯传播模式可能影响着医患双方的群际认知，也影响着两者之间的社会距离的远近程度。一方面，作为医患信任缺失的主要动因的群际认知偏差，如果医患双方形成的刻板印象与元刻板印象主要是消极的，就可能增强医患之间的不信任感。另一方面，医生与患者之间社会距离越近，关系越密切，存在较为频繁的互动，产生的心理收益越大，也越影响医患群体的社会声誉。这一连锁反应都会涉及医患群际信任关系的稳定性。因此，我们的研究将从医讯传播这一对至关重要的因素入手，逐步引入认知偏差与社会距离对群际信任的影响，并通过对内部机制的挖掘明确医患群际信任的内部过程，形成有效的医患群际信任干预方案。

（二）医患制度信任的机制对医患信任关系的影响

　　除了起始于良好的群际认知之外，医患信任关系的建立还源自医患制度信任（李伟民，2005；刘俊香、莎仁高娃、李晶，2011；刘小龙、勾瑞波，2017）。制度信任指的是建立在外在的医疗体制基础上，医患双方对医疗体制做积极的预期而愿意承受相应的风险，从而表现为对医疗制度的信任。对医患制度信任的探讨需要从制度信任现状、影响制度信任的制度要素与制度信任对医患信任关系的影响这三个方面展开。根据前人的研究发现：目前尚缺乏医患制度信任现状的针对性研究；医疗制度的一些重要因素影响着医患双方对制度的信任程度，例如医师诚信、奖惩制度、质量管理与监督制度等（董屹、吕兆丰，2015；王沛、陈莉，2011）；与此同时，人们对医疗制度的信任影响着医患关系，尤其是归因影响着医患信任水平（Simpson & Eriksson，2009）。

　　基于此，我们的研究将从考察影响医患制度信任的制度要素入手，主要包括激励性、公平性与监督性等，剖析制度信任的结构维度；同时，探索制度信任对医患信任的作用机制；最后根据制度政策论证与干预实验研究成果提出医患制度信任的提升对策。

（三）社会认知因素对互动性医患信任的影响机制

互动性医患信任指的是在医患双方互动过程中形成的，包括初次接触后形成的初始性信任与在接触过程中形成的即时性信任。对于互动性医患信任的形成来说，社会认知因素具有重要的作用。相较于关注群体的群体印象形成，个体印象形成更为关注与具体个体交互中，对特定个体的印象形成（陈淑娟、王沛、梁雅君，2014）。在医患关系中，病患与医护人员的首次见面（具体的医疗过程的开端）即存在一种特殊情境下的个体印象形成，在这个过程中，医护人员对其负责的病患形成初步的印象，病患同时对与之配对的医护人员形成初步的印象，并在此基础上为进一步开展后续的医疗互动行为的方式选择提供初始的信息，是具体医患关系中医患双方信任感建立的起始。在医患双方初次见面后，旋即开始主要基于言语的人际互动。在这个过程中，医患之间的沟通交往是主要的任务，其各自所持的沟通模式往往是医患信任的主要影响来源（侯胜田、王海星，2014）。同时，根据信任修复归因模型，信任者的体验经浅层归因（对能力、特质等因素的认知）以及深层归因（内外源、稳定性、可控性上的认知）后形成最终的信任评价（Tomlinson & Mryer，2009）。这一模式在医患信任中同样适用（马志强、孙颖、朱永跃，2013）。由此可见，归因应当在具体的信息向信任形成的过程中起到重要的作用。

基于此，我们认为，医患之间的个体印象形成以及医患之间的沟通模式是影响互动性医患信任的主要途径。前者的影响在医患双方初次见面时基于物理信息互相形成的信任的倾向中体现出来。其中，在揭示医患个体印象形成中，能力与特质这两个维度分别与医患双方特征具有一定的关联性。后者的影响则在医患双方进入具体的医疗沟通环节时在互动中形成的信任的倾向中体现了出来。沟通模式中的信息互动模式与沟通交往模式影响着医患信任水平。此外，从社会认知的视角来审视这两个因素在医患人际信任的形成中的作用时，归因可能起着非常重要的作用。归因将决定不同的印象信息对于具体的能力或特质的可信度的形成的作用，并通过深层归因的作用决定个体印象形成的结果是否对信任产生影响；而沟通模式则会根据其包含的不同的成分在浅层归因中被分为不同的信任属性来源，进而在深层归因中进行进一步的判断以形成最终的信任，浅层归因实质是将不同信息进行分类的过程，而深层归因则是决定信任的核心。由此，通过归因，医患双方将外界的信息与内部的信息加工进行关联，促进对医患人际信任的解析与对症的干预方案的制定。因此，我们的研究将从医患个体交互进而形成具体的信任的角度探讨医患人际信任受到社会认知因素影响的机制，并最终分析出有效的干预方案。

（四）　医患双方的就医情境感知对医患信任形成过程的影响

医患信任的另一大特征是其具体的医患互动情境性（李德玲、卢景国，2012）。因此，除了社会认知因素之外，就医情境感知同样对医患信任形成过程具有重要的影响。就医情境主要包括医患互动开始前的稳定性情境因素和医患互动开始后的即时性情境因素。前者包括症状和就医环境，对二者的体验将影响个体的信任（王丹丹等，2013；Pinar，Okdem，Buyukgonenc，& Ayhan，2012）；后者包括与医疗直接相关的情境因素以及与互动结构相关的情境因素（Summers & Winberg，2006；van Lange & van Doesum，2012）。有研究发现，情境因素对信任产生不同的影响，而归因在其中产生了中介作用（van Kleef，de Dreu，& Manstead，2010）。但在医患信任的研究中，这一点很少有人提及，根源在于以往情境因素的研究注重其静态性。

整合前人的观点，本文认为，医患互动情境为医患信任关系的形成提供了丰富的背景信息，而这些背景信息通过医患双方的信息加工后最终影响医患信任关系的形成。具体来讲，患者在医患互动开始前对稳定性情境因素感知，通过影响患者的初始性信任来影响医患信任的形成；医患互动开始后的即时性情境因素，经由医患双方的归因来影响医患信任的形成。这一信息加工过程的提出为提高医患信任关系的生态化程度做了有益的补充，较为全面地考虑了就医情境因素对于医患信任关系形成的影响。因此，我们的研究将首先探讨医患互动开始前稳定的情境因素对于医患信任形成的影响；其次，进一步考察医患互动开始后即时性情境因素对于医患信任形成的影响；最终从情境角度提出系统的促进医患信任形成的建议、从情绪人际效应的角度考察情绪作为策略对于医患信任形成的干预效果。

（五）　医患信任的测评与预警体系建构

本文的目标在于采用复杂系统理论构建和开发医患信任关系测评系统。复杂系统（complex system）是由众多子系统以层次结构方式组成的，各个子系统之间既相互联系又相互独立。一个复杂系统由基本组分和基本组分相互作用的两个基本部分构成，其中组分之间的关系是非线性的和动力学的，每一个组分的意义是由其与系统中所有其他组分的动力学关系所决定的（西利亚斯，2006）。根据此观点及前文的实证研究，可以把医患信任关系形成视为由原发性医患信任、互动性医患信任两个子系统组成。原发性信任由医患群际信任、医患制度信任两个平行组分构成，它们经由医患双方归因后直接作用于原发性医患信任过程；互动性信任包括初始性医患信任、即时性医患信任两个组分，主要受医－患人际互动中的社会认知因素和情境感知因素的影响。这两个子系统既相互独立，又以递进作用方式相互联系。依据突变理论（Catastrophe Theory），这两个子系统的质态及其动力学关系是不连续现象，可采用状态变量和控制变量两个关键参量来建构一个医患信任关系形成的不连续现象的数学模型，从而对该系统及其四个组分的功能进行综合评判。可见，本研究的工作基础来自前面四个子研究的结果或结论。它既是对前面研究成果的总结，也是从整体上探寻医患信任关系建立的社会心理机制的关键环节。根据以上医患信任关系形成过程的实验研究和行为测量，采集相应的行为指标、生理生化数据，将复杂系统突变理论引入医患信任关系综合评价系统构建中，最终对医患信任关系综合评价体系进行预测力分析。

基于此，本文主要基于复杂系统理论，在相关研究的基础上，使用模糊集的突变级数法对医患信任关系进行综合评价，进一步形成更有现实意义的医患信任关系评价系统。

四　小结

结合医患信任关系建设的社会心理机制模型与研究构想，从内容上来说，未来我们的研究将涉及社会转型期我国医患双方各类信任状况的调研分析、医患制度信任的形成机制、医患群际信任的形成机制、医患人际信任的形成机制、医患信任的测评与预警体系的建构、医患信任修复的干预等。从样本取样上，呈现包含不同人群和不同机构的多元化与分割性趋势。从研究技术手段上来说，采用计算机模拟与人口研究考察政策制度调整对医患信任的影响，采用访谈与问卷调查考察医患双方各类信任现状，采用行为实验与认知神经科学实验考察各类影响因素对医患双方个体的信任的影响等，最后采用复杂系统理论建构医患信任评价与预警体系。通过结合各学科的研究方法与技术，定性研究与定量研究相结合，从大数据的宏观角度、调查测量的中观角度走向实验研究的微观角度，同时从实验研究的微观角度走向复杂系统建构的医患信任评价与预警整套体系的宏观视角，最终提升医患信任研究的广度与深度。就应用性上，我们将在理论与实证研究的基础上展开一系列干预性的研究，一方面证实医患信任架构的合理性，另一方面切实有效地将科研成果运用到实践中，为有效地提升医患信任、促进社会和谐稳定提供科学的研究佐证与实践指导。

参考文献

保罗·西利亚斯，2006，《复杂性与后现代主义》，曾国屏译，上海：上海科技教育出版社。

柴民权，2017，《我国医患关系的人际 - 群际嬗变——兼论"师古方案"的可行性》，《南京师大学报》（社会科学版）第 2 期，第 112 ~ 118 页。

陈淑娟、王沛、梁雅君，2014，《群体印象形成与个体印象形成：反基准比率效应》，《心理学报》第 11 期，第 1772 ~ 1781 页。

董屹、吕兆丰，2015，《乡村医患信任中的政策裂痕与弥合——以北京市 H 区为例》，《北京社会科学》第 5 期，第 50 ~ 56 页。

房莉杰、梁小云、金承刚，2013，《乡村社会转型时期的医患信任——以我国中部地区两村为例》，《社会学研究》第 2 期，第 55 ~ 77 页。

侯蕾，2017，《博弈论视角下的医患合作分析》，《中国医学伦理学》第 5 期，第 576 ~ 580 页。

侯胜田、王海星，2014，《我国公立医院医患沟通现状调查》，《医学与社会》第 9 期，第 52 ~ 54 页。

李德玲、卢景国，2012，《我国医患信任关系研究述评》，《中国医学伦理学》第 1 期，第 104 ~ 106 页。

李伟民，2005，《红包、信任与制度》，《中山大学学报》（社会科学版）第 5 期，第 110 ~ 116 页。

刘俊香、莎仁高娃、李晶，2011，《新医改背景下医患信任的主导道德信任与制度信任》，《医学与哲学》（人文社会医学版）第 11 期，第 30 ~ 32 页。

刘威、郭永瑾、鲍勇，2010，《患者信任：概念、维度及属性》，《中国医学伦理学》第 1 期，第 25 ~ 27 页。

刘小龙、勾瑞波，2017，《从个体信任到制度信任——医患信任的制度审视与重构》，《山西师大学报》（社会科学版）第 2 期，第 9 ~ 15 页。

马志强、孙颖、朱永跃，2013，《基于信任修复归因模型的医患信任修复研究》，《医学与哲学》（人文社会医学版）第 11 期，第 42 ~ 44 页。

朴金花、孙福川，2013，《医患双方视角下的医患信任关系研究》，《中国医学伦理学》第 6 期，第 772 ~ 774 页。

汪新建、王丛，2016，《医患信任关系的特征、现状与研究展望》，《南京师大学报》（社会科学版）第 2 期，第 102 ~ 109 页。

汪新建、王骥，2017，《媒体中的医方形象及其对医患信任的影响》，《社会科学文摘》
　　第 8 期，第 65～67 页。

王丹丹、付菊芳、左秀萍、宋娟、邝萍、房宁宁、于方方，2013，《肺癌患者化疗期间
　　的症状体验及相关因素研究》，《护理学报》第 3 期，第 1～4 页。

王桂新、武俊奎，2011，《城市农民工与本地居民社会距离影响因素分析》，《社会学研
　　究》第 2 期，第 28～47 页。

王沛、陈莉，2011，《惩罚和社会价值取向对公共物品两难中人际信任与合作行为的影
　　响》，《心理学报》第 1 期，第 52～64 页。

王沛、贺雯，2015，《社会认知心理学》，北京：北京师范大学出版社。

王沛、林崇德，2005，《社会认知的理论模型综述》，《心理科学》第 1 期，第 73～
　　75 页。

张建华、滕文杰、汤敏、朱军、蔡维生，2012，《医患双方对医患关系认知情况的比较
　　研究》，《医学与哲学》（人文社会医学版）第 9 期，第 58～59 页。

周常春、徐雪，2015，《近年来国内外医患信任研究综述》，《昆明理工大学学报》（社
　　会科学版）第 1 期，第 8～14 页。

Brewer, M. B. (2008). Depersonalized trust and ingroup cooperation. In Krueger, J. I.
　　(Eds.), *Rationality and Socialresponsibility: Essays in honor of Robyn Mason Dawes* (pp. 215 –
　　232). New York: Psychology Press.

Egede, L. E., & Ellis, C. (2008). Development and testing of the multidimensional trust in
　　health care systems scale. *Journal of General Internal Medicine*, 23 (6), 808 – 815.

Hewstone, M., Rubin, M., & Willis, H. (2002). Intergroup bias. *Annual Review of Psy-
　　chology*, 53 (1), 575 – 604.

Hipp, J. R. (2007). Block, tract, and levels of aggregation: Neighborhood structure and
　　crime and disorder as a case in point. *American Sociological Review*, 72 (5), 659 – 680.

Lount Jr, R. B. (2010). The impact of positive mood on trust in interpersonal and inter-
　　group interactions. *Journal of Personality and Social Psychology*, 98 (3), 420 – 433.

Montague, E. (2010). Validation of a trust in medical technology instrument. *Applied Ergo-
　　nomics*, 41 (6), 812 – 821.

Moskowitz, D., Thom, D. H., Guzman, D., Penko, J., Miaskowski, C., & Kushel, M.
　　(2011). Is primary care providers' trust in socially marginalized patients affected by race?
　　Journal of General Internal Medicine, 26 (8), 846 – 851.

Pearson, S. D., & Raeke, L. H. (2000). Patients' trust in physicians: Many theories, few
　　measures, and little data. *Journal of General Internal Medicine*, 15 (7), 509 – 513.

Pinar, G., Okdem, S., Buyukgonenc, L., & Ayhan, A. (2012). The relationship be-
　　tween social support and the level of anxiety, depression, and quality of life of Turkish
　　women with gynecologic cancer. *Cancer Nursing*, 35 (3), 229 – 235.

Simpson, B., & Eriksson, K. (2009). The dynamics of contracts and generalized trustwor-
　　thiness. *Rationality and Society*, 21 (1), 59 – 80.

Summers, C. H., & Winberg, S. (2006). Interactions between the neural regulation of stress
　　and aggression. *Journal of Experimental Biology*, 209 (23), 4581 – 4589.

Tomlinson, E. C., & Mayer, R. C. (2009). The role of causal attribution dimensions in trust repair. *Academy of Management Review*, 34 (1), 85 – 104.

van Kleef, G. A., de Dreu, C. K., & Manstead, A. S. (2010). An interpersonal approach to emotion in social decision making: The emotions as social information model. *Advances in Experimental Social Psychology*, 42, 45 – 96.

van Lange, P. A. M., & van Doesum, N. J. (2012). The psychology of interaction goals comes as a package. *Psychological Inquiry*, 23 (1), 75 – 79.

Vezzali, L., Capozza, D., Stathi, S., & Giovannini, D. (2012). Increasing outgroup trust, reducing infrahumanization, and enhancing future contact intentions via imagined intergroup contact. *Journal of Experimental Social Psychology*, 48 (1), 437 – 440.

中国社会心理学评论　第 14 辑
第 16~24 页
© SSAP，2018

基于 PAC 人际交互作用理论的医患关系优化模式构建[*]

杨艳杰　褚海云[**]

摘　要： 在医疗活动中，医生和患者由于自身的人格品质经常会保持某些特定的心理状态，这些心理状态对医患双方交往的效果和质量会产生直接影响。本文拟从 PAC 人际交互作用理论出发，探讨父母自我状态、成人自我状态、儿童自我状态等心理状态在医患交往中的表现及特点，分析医患双方持有这些心理状态对医疗卫生活动顺利开展的影响，同时提出医患交往的最优模式，即适用于日常医疗活动的 "AA－AA 型" 交往模式和适用于危急医疗活动的 "PC－CP 型" 交往模式。本文建议医院管理者应用 PAC 人际交互作用理论对医生进行系统训练，强化医生 PAC 自我状态的识别能力，帮助医生调整自身交往状态，并鼓励医生引导患者采取成人自我状态，从而建立互信、合作、和谐的医患关系。

关键词： PAC 人际交互作用理论　医患关系　交往模式

近年来，医患矛盾激化严重，医患关系紧张问题已成为全社会关注的焦点。国家卫计委最新报告显示，2015 年全国共处理医疗纠纷 7.1 万起，虽然在国家的努力下化解了 60% 以上的医疗纠纷（国家卫计委，2016），

---

　　[*]　本研究得到教育部哲学社会科学研究重大课题攻关项目（15JZD030）的资助。
　[**]　杨艳杰，女，哈尔滨医科大学公共卫生学院教授，通信作者，E-mail：yanjie1965@ 163.com；褚海云，女，哈尔滨医科大学公共卫生学院硕士研究生。

但形势依旧不容乐观。在医疗活动中，由于医疗知识的信息不对等，医生常常代表权威，而患者则以懵懂、无助的形象出现。有研究发现，大部分的医疗纠纷都源于医疗活动中的沟通不畅，同时沟通成功与否不仅与交谈内容有关，更与双方当时的情绪状态密切相关（Aoki，2008）。当医生采取绝对强制和命令的态度对待患者时，患者很容易产生不满情绪，甚至会在冲动状态下与医生产生冲突，尤其是在一方利益受损的情况下，常常会演变成医疗纠纷。目前，国家针对医患沟通中存在的问题，对医务人员开展了多种培训，其主要目的在于提高沟通技巧。然而，医患冲突依然频发，仅仅提高沟通技巧只是杯水车薪，更深层次地调整医患双方交往的心理状态可能是改善沟通的关键。因此，本文将从 PAC 人际交互作用理论出发，深入剖析医患关系紧张机制，为改善医患关系提出切实可行的措施和策略。

一　PAC 人际交互作用理论

PAC 人际交互作用理论由美国心理学家埃里克·柏恩（E. Berne）于 1950 年创立，是交互作用分析（Transactional Analysis）的重要组成部分（Berne，2011）。柏恩通过大量实践发现，人们在进行信息交流时会持有某种特定的心理状态，无论是信息发出者还是接收者，都会同步进行"事实"和"心态"的沟通。而"心态"是影响"事实"传达和接收的关键。柏恩根据临床实践经验，将人们在交往中表现出的不同自我状态分为父母（parent）、成人（adult）、儿童（child）三种状态。这三种自我状态以不同比例存在于同一个体身上，蕴藏于潜意识之中，在一定条件下，引发个体不同的行为表现。

P 状态（父母自我状态）来源于个体对于童年时期父母交流状态的记忆，属于"被教授的生活概念"，主要表现为权威、控制、保护、指导等行为倾向；A 状态（成人自我状态）来源于个体对自身现实经历的思考和总结，属于"思考得到的生活概念"，主要表现为冷静、理智、客观、责任感、解决问题等行为倾向；C 状态（儿童自我状态）来源于个体对于童年时期父母交往状态的情感体验和内部反应，属于"感知到的生活概念"，主要表现为感性、任性、无知、无助、冲动等行为倾向。这三种自我状态不仅因人而异，而且会根据不同时间、不同地点、不同情境而发生变化。在某特定时空和情境下，其中一种自我状态会占据优势，引导个体表现出具有该种自我状态特点的行为模式，而这种自我状态也在很大程度上制约了人们在交往中的沟通方式和内容（Batty & Hashimi W，2017）。

二　基于 PAC 理论的医患交往心理状态解析

（一）医患关系

医患关系是指医务工作者为保障和促进患者健康而与患者及其家属在医疗卫生服务过程中产生的特定人际关系，是医疗活动中最基本、最重要的人际关系（Schoenhagen and Mehta，2017）。在医患关系中，医患沟通无处不在。医患沟通是指医患双方围绕患者的疾病进行多方位、多途径的交流，其目的在于建立理解、信任、合作的医患关系（Bortun and Matei，2017）。良好的医患关系是以有效的医患沟通为前提的。目前我国医患沟通状况不容乐观，不良的医患沟通常常导致医患间的龃龉、摩擦、冲突。有学者发现许多患者在医疗活动中遭受负面体验的主要原因是医患双方的交往沟通不顺畅（胡银环、张子夏、王冠平，2016），另有调查指出沟通不良是目前医患双方间普遍存在的问题，是医患矛盾的导火索（刘小华，2016），医患沟通顺畅与否在很大程度上取决于双方交往中的心理状态（胡嘉乐、阮洪，2012）。医疗卫生活动中的医患双方，如果在沟通时自我状态和态度出现问题，之后无论有多好的沟通技术也难以建立和维持和谐的医患关系。因此，从 PAC 人际交互作用理论出发，探讨医患双方交往心理状态，对于建设和谐医患关系具有十分重要的理论意义与实践价值。

（二）PAC 理论下医患交往的心理状态特点

PAC 理论认为，个体的人格是由三种比重不同的自我状态构成的。在医疗卫生活动中，作为主体的医患双方，他们的心理状态直接影响医疗活动的效果。本文仅以正常成年的医生和患者为研究对象，描述其在医疗活动中心理状态的特点，并解析这些心理状态对医疗服务的影响。

按照 PAC 理论，P 状态主要包含两种行为倾向，一是权威和命令，二是保护和关怀。本文所述的 P 状态主要指前者。在医疗活动中，如果医生经常持有 P 状态，其会表现为说话十分严肃，向患者传达信息时会采用命令的语气，如经常使用"你必须""你绝对不能"等词语与患者沟通。在就某些原则性的问题进行沟通时，这种严肃的态度是正确的，如"做手术时，家属必须在外等候，这是无菌操作规定"等；然而，如果就某些非原则性的问题进行沟通，医生采用权威训斥的态度告知患者，可能就会带来不良的后果，如"跟你说什么你都不懂，我怎么说你就怎么做"等。由于医生本身的专业性较强，医疗活动中他们经常处在高高在上的位置，其权威性不言而喻，因此他们常常不由自主地扮演父母的角色。如果患者及其家属处于 P 状态，就会采用优越的态度与医生沟通，如"你给我好好看病，治好了少不了你的好处""你给我用心做手术，做坏了一定饶不了你"。医患沟通时如果双方都处于 P 状态，可以想象，双方都想发挥各自的权威性，甚至为了追求权威丧失理性，互不相让，势必在某些问题上出现不服硬现象，产生纠纷，从而影响沟通的质量和效果。一般而言，医疗活动中，医生持有 P 状态的情形较多。

A 状态是以客观和理智为特征，尊重他人，充分利用现有资源为其所用的心理状态。在医疗活动中，当医生处于 A 状态时，会慎思明断，沉稳理性地解决相关医疗问题，与患者沟通时经常使用"我的想法是""您看这样行不行"等词语。他们会客观地向患者及其家属解释疾病相关问题，如"你选择的保守治疗很难根治你的疾病，症状可能会反复，如果出院后病情加重请尽快再来就医"等。然而，持有这种心理状态可能缺乏感情色彩，在医疗活动中会显得生硬和不近人情。当患者及其家属处于 A 状态时，会理智地与医生进行沟通，如"您说得对，不过我们的家庭收入有限，还是选择医保可以报销的药吧"。在多数医疗活动中，医生和患者及其家属经常会持有 A 状态，这说明多数的医患沟通是顺畅而有效的。

C 状态主要是以幼稚和冲动为特征的心理状态。在医疗活动中，某些患者常常持有 C 状态。他们时而兴奋，时而哭闹；时而服从，时而对抗。在与医生沟通时，他们经常使用"我偏要""我害怕""我什么都听你的"等词语。此外，在交往过程中，持有 C 状态的患者及其家属经常会表现出非理性，如"医生，我的病怎么治疗就靠您了，您说怎么做，我们都听您的"。由于医疗活动的特殊性，医生在医疗活动中占主导地位，患者处于相对弱势的地位，因此某些患者经常持有 C 状态与医生进行交流。由于 C 状态存在非理性，因此这种沟通状态存在较大隐患，对医患沟通质量和效果有一定的负面影响。

三　基于 PAC 理论的医患交往最优模式

（一）医患常见的模式分析

根据 PAC 人际交互作用理论，医患交往常常有多种模式，如"PC - CP 型"、"AA - AA 型"、"AA - CP 型"、"PC - AA 型"、"PC - PC 型"、

"CP – CP 型"、"PA – AP 型"、"AC – CA 型"、"PP – PP 型" 和 "CC – CC 型" 等交往模式。本文以医患间常见交往状态为出发点，探讨医患交往的最优模式，以期为构建医患关系优化模式提供科学合理的理论依据和切实可行的实践策略。

医疗活动中，医生因其治病救人的特殊工作性质，自古以来就是权威，备受尊敬。埃莫森认为，对处于同一社交网络的双方来说，一方的资源对另一方重要，而另一方资源对前者不重要时，前者就具有相对的权力优势（Emerson，1962）。在医患交往过程中，医生因其具备专业医学知识和技术，具有疾病诊治权和医疗卫生资源支配权等，经常表现为权威、控制、高人一等，对患者而言，医生所拥有的资源是重要且不可替代的。因此，与患者相比，医生代表医学权威，具有权力优势。这导致医生容易具有家长式或父母式的心态，即所谓 PAC 中的 P 状态，患者患病之后需要求助医生，希望借助医生的专业诊治来恢复健康。在就医过程中，对疾病的不确定感、恐惧等会导致患者产生寄人篱下、低人一等的心理，甚至会出现行为退化现象。患者处于弱势地位，容易产生儿童式的心态，即所谓 PAC 中的 C 状态，这种状态以无知、幼稚、天真、冲动等为特征，具有多种表现形式。当医生 P 状态遇到患者 C 状态时，一般情况下，双方相处良好。医生的权威可以压制患者的非理性举止。这种互补性的医患交往模式有利于开展医疗服务工作，尤其是在患者生命垂危时，这种交往模式可以有效促进抢救工作的顺利进行。当然，患者及其家属也不完全表现为 C 状态，有的人也会表现出 PAC 中的 P 状态和 A 状态。当医生 P 状态遇到患者 A 状态时，即医生以父母自我状态对待患者，希望患者及其家属绝对服从自己，而患者以成人自我状态回应医生，理智地参与到疾病的诊治中，希望能被平等地对待。这种交错的医患交往模式可能会造成患者对医生的不满、据理力争。而医生权威遭到质疑，又会导致医生对患者的不满、责备。恶性循环，医患矛盾加剧，不利于构建和谐的医患关系。当医生 P 状态遇到患者 P 状态时，即医患双方都以父母自我状态进行交流，都希望对方能够服从自己的决定，这会导致一方采取命令式而另一方不服，反之亦然。如果任何一方都不妥协，双方一直僵持下去，将会造成医患矛盾升级，医患关系恶化。

除此之外，医患关系属于一种特殊的人际关系。作为正常的社会人，医生参加工作，努力做事，能够理智地分析并解决问题，他们经常处于 PAC 中的 A 状态，以客观、理智、平等的方式对待他人。当医生 A 状态遇到患者 A 状态时，医患双方都以成人自我状态进行交流，医生客观地为患者答疑解惑、诊治疾病，患者理智地参与到医疗活动中。这种交往模式被认为是人与人交往中的最佳模式，也是医患交往的最优模式。当医生 A 状态遇到患者 P 或 C 状态时，医生也能理智地处理双方之间的问题，一般情况下不会造成双方的冲突和纠纷。不过，在这种情况下，患者情绪激动，或父母式的说教、责骂，或儿童式的任性、哭闹，面对医生客观、理智、就事论事的态度，可能会觉得医生人情淡漠，进而心生不满，无法对医生产生信任，不利于合作、和谐的医患关系的建立。

（二）医患交往最优模式

一般来说，医疗活动有两种常见的状态，一种是日常医疗活动，如门诊病人的接待、住院病人的日常护理等；另一种是危急医疗活动，如急诊患者的抢救、突发情况的处理等。结合医疗活动实践情况，我们提出医患交往最优模式如下。

在日常医疗活动中，我们认为"AA－AA 型"交往模式是医患交往最优模式。医患双方在发出信息和接收信息的过程中都是客观而理智的，就事论事，并且能够准确地思考和表达自身想法，双方沟通顺畅，非常有利于建设互相信任、积极合作的医患关系。患者就医的根本目的在于恢复健康，需要医生明确的诊断和有效的治疗。在整个就医过程中，患者得到关于自身疾病的全面信息，并能客观地分析病情，不将疾病带来的负面体验强加于医生，理解医生。同时，作为医疗卫生服务的提供者，医生肩负治病救人的责任，努力消除患者病痛，关心患者心理健康，不因任何主观因素而带给患者负面体验。

另外，医患关系不同于其他任何一种人际关系，它关乎生命健康，不容丝毫的怠慢和过失。所以我们认为在危急医疗活动中，"PC－CP 型"取代"AA－AA 型"成为医患交往的最优模式。在危急时刻，患者及其家属可能会由于自身或至亲的病痛而失去理智，又由于医患双方医学知识的信息不对等，无法解决现实问题。人命大于天，医疗活动不同于其他社会活动，没有足够的时间商量解决方案，必要时，医生需以权威的身份说服患者及其家属短时间内采取最正确的抢救方案。

四　应用 PAC 训练构建和谐医患关系

根据 PAC 人际交互作用理论，恰当的自我状态是医患双方沟通顺畅的关键。因此，应用 PAC 理论对医生进行系统训练非常必要。开展此训练可以使医生明确把握医患交往时双方的心态，并遵循内部调整和外部诱导相结合原则，采取合理的沟通方式和内容，缓解医患冲突，最终建立互信、合作、和谐的医患关系。

（一）强化医生 PAC 自我状态的识别能力

在诸多的医患纠纷中，我们发现医患沟通顺畅与否的根本原因不是技巧，而是心态。组织医生学习 PAC 人际交互作用理论的基础知识，强化他们对自身及患者交往心态的识别能力，是改善医患交往的先决条件。Rajan 等曾进行了长达一年的 PAC 人际交互作用训练，实践发现 PAC 训练可以帮助医务工作者自我反省，使其自我状态得到可衡量的、持续的改善，进而促进了沟通双方的良好关系（Rajan and Chacko，2012）。PAC 训练内容可以从理论教学、短片分析、情景模拟和角色扮演等方面循序渐进。其中，理论教学主要系统地教授 PAC 人际交互作用理论的基础知识，使医生能够熟练掌握 PAC 理论的相关技能；短片分析可以通过分析视频中的人物和事件来强化医生的三种自我状态的识别能力；情景模拟和角色扮演可以通过在不同交往情境中的演练来加深医生对 PAC 人际交互作用理论的理解，并激发其实践潜能，使医生能够准确无误地分辨出医患双方在不同情境中所表现出的父母、成人和儿童三种自我状态。在医疗工作中，医生应根据患者及其家属的不同交往心态，因人而异地采取不同的沟通方式，获得患者的信任，显著提高沟通质量，进而促进协同合作的和谐医患关系。

（二）医生积极调整自身交往状态

遵循内部调整原则，医生应在 PAC 人际交互作用理论的基础上，识别自身的不恰当自我状态，并进行合理的调整。Akbari 等指出，个体的人格状态不是一成不变的，心理状态、自尊、情绪等都可以通过 PAC 人际交互作用训练得到改善（Akbari et al.，2012）。他在随访中发现，PAC 人际交互作用理论疗法也被应用于临床治疗中，在治疗个体情绪障碍及自我状态矛盾中取得了良好的疗效。在医疗卫生服务领域，"AA‑AA 型"被认为是医患交往的最优模式，这种交往模式中的医患关系最为和谐，医疗活动也最为有效。因此，医生应该有意识地培养自身 A 状态，在医患交往过程中时刻提醒自己控制情绪，保持强大的成人意识，客观、理智地帮助患者及其家属解决疾病相关问题。当然，在患者生命危急时，医生应迅速将自我状态切换为 P 状态，以权威说服情绪崩溃的患者家属，全力以赴抢救患者生命。

（三）医生引导患者采取成人自我状态

遵循外部诱导原则，即医生努力引导患者及其家属采用成人自我状态，尽量使患者理智看待疾病和医疗过程，促使患者积极配合医生的治疗方案。在日常医疗活动中，由于患者对疾病的不确定和恐惧，患者常处于儿童自我状态。如果患者在治疗后顺利恢复健康，则欣喜若狂；反之，则会埋怨医生医术不佳，哭闹、叫骂，甚至暴力伤医。另外，有的患者及其家属了解一些医学知识，可能会在医生诊治过程中反复质疑，甚至采取父母自我状态，认为自己才是权威，命令医生更改治疗方案。无论患者及其家属采取的是 P 状态还是 C 状态，他们的自负或无知都会直接导致医患沟通障碍，进而严重影响疾病的诊治。因此，在医疗活动中，医生应该积极引导患者及其家属采用理智的成人自我状态进行交流，应用 PAC 训练有效地解决患者感性与理性之间的分化问题，改善患者的不良认知，促进"AA – AA 型"医患交往模式，构建和谐医患关系。

五　结语

根据 PAC 人际交互作用理论，恰当的自我状态是医患双方沟通顺畅的关键。成人自我状态表现为客观、理智，这种状态最有利于和谐医患关系的建设；而表现为权威、命令的父母自我状态和表现为无知、冲动的儿童自我状态，则是医疗活动中导致医患矛盾和医患关系紧张的不良状态。结合医疗活动的实践情况，本文提出了医患交往最优模式，即适用于日常医疗活动的"AA – AA 型"交往模式和适用于危急医疗活动的"PC – CP 型"交往模式。应用 PAC 人际交互作用理论对医生进行系统训练，强化医患双方"AA – AA 型"和"PC – CP 型"交往模式，是构建互信、合作、和谐的医患关系的重要举措。

参考文献

胡嘉乐、阮洪，2012，《基于 PAC 人格模型理论对护患沟通的分析》，《护理研究》第26 期，第 1513 ~ 1514 页。
胡银环、张子夏、王冠平，2016，《基于患者体验的医患冲突诱因与对策探讨》，《中国医院》第 20 期，第 74 ~ 75 页。
刘小华，2016，《军队大型综合性医院医患沟通现状与沟通策略研究》，硕士学位论文，第三军医大学。

于劲松，2017，《加强医患沟通　构建和谐医患关系》，《江苏卫生事业管理》第 28 期，第 150~151 页。

国家卫计委，2016，《关于政协第十二届全国委员会第四次会议第 0081 号提案答复的函》，http://www.nhfpc.gov.cn。

Akbari A., Khanjani Z., & Azimi Z. (2012). The effectiveness of transactional analysis therapy on personality states, self-esteem and clinical symptoms of people with emotional breakdown. *Journal of Psychological Models and Methods*, 6 (2), 1 – 20.

Aoki N., Uda K., & Ohta S. (2008). Impact of miscommunication in medical dispute cases in Japan. *International Journal for Quality in Health Care Journal of the International Society for Quality in Health Care*, 20 (5), 358.

Batty C., & Hashimi W. (2017). Look who's talking: Using transactional analysis in the writing of effective screenplay dialogue. *Dialogue across Media*, 55 – 76.

Berne E. (2011). Games people play: The basic handbook of transactional analysis. *Publications of the Astronomical Society of the Pacific*, 117 (837), 1204 – 1222.

Bortun D., & Matei C. S. (2017). Aspects of communication in medical life. Doctor-patient communication: Differentiation and customization. *Journal of Medicine & Life*, 10 (1), 60 – 65.

Emerson R. M. (1962). Power-dependence relations. *American Sociological Review*, 27 (1), 31 – 41.

Rajan M., & Chacko T. (2012). Improving educational environment in medical colleges through transactional analysis practice of teachers. *F1000 research*, 1, 24.

Schoenhagen P., & Mehta N. (2017). Big data, smart computer systems, and doctor-patient relationship. *European Heart Journal*, 38 (7), 508.

中国社会心理学评论 第 14 辑
第 25~36 页
© SSAP, 2018

医患角色认同的冲突与医患
信任的困境[*]

伍　麟　吴　玥^{**}

　　摘　要： 我国社会转型背景下出现的医患角色认同冲突是导致当前医患信任困境的原因之一。社会从传统向现代转变的过程中，社会交往领域、医学文化领域、医疗活动领域以及市场关系领域呈现了四种主要的医患角色冲突类型。在角色冲突的作用下，患者更容易在理想与现实医患关系的对比中产生不平等的心理体验，将自身角色地位归于弱势方，导致和谐医患信任关系难以建立。以新的视角重新界定、认识和理解医患关系，树立新型角色规范和角色认同是医患信任建设的核心内容。
　　关键词： 医患信任　角色冲突　角色认同

导　论

　　当前医患信任缺失已经成为我国医患关系中最棘手的问题。首先，医生与患者间存在双向不信任。有研究发现，医患对彼此关系的评价和信任度均在不断降低（汪新建、王丛、吕小康，2016），患者对医生的信任水平影响着医生对患者的信任（谢铮、邱泽奇、张拓红，2009）。

---

　　*　本研究得到教育部哲学社会科学研究重大课题攻关项目（15JZD030）的资助。
　**　伍麟，男，武汉大学社会学系教授，博士生导师；吴玥，女，武汉大学社会学系硕士研究生。

其次，存在人际与制度层面的双重不信任。医患间的不信任不仅表现为患者同医生个体之间的人际信任障碍，也表现为患者同医疗机构、医疗体系之间的制度性不信任。在"熟人社会"转向"陌生人社会"的过程中，人际信任加速失效，而相应的制度信任尚未完全建立起来（刘小龙、勾瑞波，2017；任学丽，2014；黄晓晔，2013）。最后，正式制度之外的"关系信任"在一定范围内存在。就医时患者倾向通过熟人关系将医生纳入私人网络中，以期获得理想的诊疗效果（黄晓晔，2013）。以"关系"为基础建立信任虽然可以在局部范围取得"熟人"间信任的人际效果，但在社会整体层面上容易导致大多数不具备"关系"资源的患者对医疗环境产生不满情绪和逆反心态（杨宜音，2013），这又会使整体医患信任恶化。

由传统社会向现代社会转型过程中，信任衰退成为较普遍的社会问题。因为关联人们身体健康、经济投入、生活幸福等基本需要和利益，医患关系领域的信任状况成为全社会关注的热点问题之一。医患信任是一个复杂的社会问题，涉及医方、患方、医疗政策、社会文化等诸多内容。从理性的角度来看，患者在医学知识和医疗资源有限的情况下，是以求助者的身份面对医生的。求助行为本身代表了患者对医生的职业信任，是患者可能找到的最好选择。患者对医生的这种选择可以称为"自愿性信任"。自愿性信任本质上具有理性认知的成分，但因为存在健康托付等因素，更容易转化为情感上的依赖。在患者心理方面，这种自愿性信任浓缩了对医生所连带的医疗资源的高度尊重和期望，是患者能够展示和提供给医生及医疗资源的重要精神内容。因而，如果出现不对等的、不平衡的心理落差，患者极易出现情绪逆转。

角色是连接个体行动与社会结构的关键概念（特纳，2001），社会通过影响自我来影响人们的社会行动，其中的核心机制就是"扮演一定的角色"（周晓虹，2008），对行为的预测需要对行动者在社会中所扮演的角色及其对角色的认知加以分析。角色认同是感知、理解社会角色并将其内化的过程，即行动者的社会行为与其对角色的认知相一致，角色认同本身就暗含了行动取向。每个人都在社会交往的情境中扮演不同的角色，医生、患者都是典型的社会角色。帕森斯曾提出"患者角色"的概念，描述个体在感受到自己患病时所采取的常规行为（考克汉姆，2012）。患病是一种生理体验，患者因此成为一种社会角色，其所涉及的行为建立在制度期待的基础之上，并且被与此期待相适应的社会规范强化。作为一种概念化的分析工具，患者角色实际上是一种理想类型，通过与现实患者所践行的角色相比较，它可以解释具体情境中的行为。我国仍然处于社会转型的时期，在加速的现代化进程中，包括医生、患者在内的许多社会角色都不具有稳定性，整个社会尚未对某一角色形成较为一致的社会期望和标准，行动者缺乏对角色的认识基础以及统一的价值观念的引导，其结果就是会导致行动者社会行动的失范。剖析作为行动者本身的患者和医生所体验的角色冲突的具体类型，能够加深对医患角色的认识以及对医患角色认同冲突的理解，有利于建立和谐、健康的医患关系。

一　社会转型与医患角色的转变

（一）传统医患关系与医患角色的特征

传统医患关系与医患角色的特征同传统社会交往模式、医学技术水平以及传统医学文化息息相关。首先，在传统中国社会，医患信任的模式以人际关系为核心，这种医患信任模式建立在文化传统、宗族和社区伦理秩序以及熟人关系法则之上（程国斌，2017）。传统中国社会是一种熟人社会，人们的交往范围相对狭窄，相互之间通过熟悉而获得信任感，个体的行为和社会关系更多地受到相互交往实践而产生的伦理道德规范的制约。在这一社会交往规则下，医者与患者之间往往是熟人关系，相应的，医生与患者的角色就具有多重含义，他们不仅仅是单纯的医者与患者，还可能是亲属或朋友，由此互相之间容易产生信任感。其次，在传统中国社会，西方现代医学并未普及，那时医疗技术较为落后而医生的专业性也不强，医生与患者之间并未形成如今在医患双方间存在的知识壁垒，医生虽然受人敬重但往往缺乏权威。在这种医患关系中，医生对患者并没有强制的约束力和支配力，患者群体虽然自身缺乏医学知识，但在医疗实践中仍拥有参与、决策权，医疗变成了医患双方在不断相互试探、评判、抵牾或斗争中实现合作的复杂过程（程国斌，2017；张孙彪、林楠、陈玉鹏，2010）。最后，中国传统的医患关系还受到传统文化的影响，总体上医学文化是儒家文化的一部分，而儒、道、佛等哲学体系中的仁爱、行善等理念都在医疗实践中有所体现。医者与患者之间的交往不仅仅着眼于疾病本身，还体现为对人的关怀和对生命的敬畏。人们心目中理想的医生形象不仅要技艺精湛，更重要的是要医德高尚。当前乡村社会中的医患关系仍具有传统社会医患关系的特质，房莉杰等人（2013）通过对我国中部地区两个村的村民与村医、乡镇卫生院医生之间医患信任状况的调查就发现，村民对村医和乡镇卫生院医生遵循的是不同的评价体系，对村医更多是人品的要求，而面对现代性的外部社会，村民会采取专业化、制度化的评价标准。在城市中，长期存在的单位制仍然使医患信任具有传统社会的伦理特质（任学丽，2014），它造就了一种新的以业缘关系为基础的熟人社会。在单位体制内，医患关系与医患角色仍具有熟人社会的特征。

（二）现代医患关系与医患角色的特征

随着社会交往方式的转变、医学技术的发展以及医疗市场化改革，医患关系及医患角色发生了变化。转型社会最突出的特征就是由传统的熟人社会转向陌生人社会，社会转型促使人际信任向制度信任转变，社会中大量不确定性导致社会信任存量过快下降，加速的现代化进程加剧了这一后果（马德勇，2008），信任缺失是中国社会的一个基本现状，医患信任在某种程度上就是社会整体信任状况在医疗领域的反映。随着交往范围的扩大，医生与患者之间不仅在生活中互为陌生人，还是道德上的异乡人（梁立智等，2008）。他们生活、成长于不同的环境，来自不同的道德共同体，具有不同的价值观念与评判体系，这就注定了与熟人社会中的医患关系相比，现今医生与患者在医患关系中的角色更加单一，他们仅仅是因疾病而联系起来的医生和患者。

医疗技术的发展在医患关系与医患角色转型中起到了决定性的作用。在医学的发展进程中，随着医疗技术的革新以及治疗理念和方法的改进，普通人对疾病与医疗逐渐丧失了控制力。现代医学教育体系的建立构筑了医学知识的堡垒，接受系统医学教育的医生掌握专业医学知识，普通患者则很少能系统掌握医学知识，医生与患者在医学知识层次上的鸿沟日益加深。现代医疗机构的建立更为医学职业的专业化和权威性提供了制度保障，医学职业逐渐成为一个受人尊敬的科学领域，人类选择相信社会体系的专业权威性，以此消减互动过程的不确定性和不安全感（李仪、冯磊，2016），医学专家系统的权威得以树立。因此在现代医患关系中，医患双方的权力和地位是不平等的，其中医生扮演主导角色，而患者处于服从地位。此外，建立在生物科学技术之上的现代医学朝更加理性化的方向发展，医学教育强调以医疗技术为核心，医生更关注"疾病"本身而忽略情感关怀，背离了人作为一个整体需要整体关怀的中心（克莱曼，2010）。在医患关系中，医生更强调其专业化的角色，患者则只是罹患疾病的"客体物"。

医疗市场化更是加剧了医患角色认同的冲突。与市场经济中的其他领域不同，医疗市场有其特殊性，不确定性是医疗服务市场的重要特征之一。在医疗实践中，医生和患者都要承担因治疗失败所带来的风险。现代社会公众权利意识、个体意识凸显，时代进入个性化、个体化阶段。平等、正义、公平成为个体首要追求的价值观。社会事务的"知情权"成为社会活动实现机会平等、程序公平和结果正义的基本条件之一。在消费主义文化的引导下，患者似乎在医患关系中占据了更高的位置，他们希望获得更多信息，平等地参与医疗活动，从而成为自己患病的身体和市场交易的主导者之一；但是作为患者，他们又必须服从医生的指令和安排，去迎合医生，扮演医生喜欢的"听话"的患者角色。

二　医患角色认同的冲突类型

社会交往方式的转变、医学技术的发展以及医疗市场化改革，使现代与传统医患关系及医患角色之间差异显著。在医疗关系和医患角色转变的过程中，无论是患者还是医生都感受到来自外界的对自身角色的多重期待与要求：现代医患关系一方面受到还未消退的传统医疗价值观念的影响，另一方面在医疗市场化以后又受到消费主义文化的波及。总体来看，目前社会中医患双方尚未形成新的稳定的角色认同。行动者对制度构建出的新型医患关系在一定程度上还存在内心的抗拒和无所适从，在具体的医疗实践中患者与医生会产生角色不清甚至角色冲突的情形，患者所感知到的角色认同的冲突与对医生角色的认知偏差更为强烈。医患角色认同的冲突与认知偏差体现在社会交往领域、医学文化领域、医疗活动领域和市场关系领域等多个维度。

（一）社会交往领域："熟人－陌生人"的冲突

从本质上来看，医患关系也是一种社会交往关系，在从传统的"乡土中国"向现代化社会转变的过程中，社会交往方式最显著的变化就是从以熟人交往为主转向以陌生人交往为主，相应的，医患交往也从普遍存在的熟人关系转向陌生人关系。尽管我们身处陌生人社会，但患者仍然偏好与医生建立信任关系。当下医生与患者在诊疗关系之外，基本不存在建立在亲缘、血源、地缘关系之上的其他联系，医生与患者的行为只受到法律制度和职业道德的制约而不再受到地方秩序和地域伦理道德的约束。然而，患者普遍感到制度并不能够带来安全感和保障，在传统医患关系的影响下，一方面患者希望医生遵守职业道德和规章制度，另一方面却又渴望与医生建立熟人关系以获得优待。这一矛盾的心理表明：在医患关系中，尽管患者意识到自己与医生是陌生人，但患者认为作为医生的熟人能够获得更好的"照顾"。作为有治疗需求的一方，患者自然扮演主动寻求建立熟人关系的一方，而医生并没有主动与患者建立医疗关系之外的私人关系的需求，即便在这一过程中，医生能够获得好处，接受患者的请求，但在实践中医生的给予与患者的期望之间往往存在差距。医患双方对关系就医下的"照顾"存在不同的理解，患者更关注就医时的情感体验，而医生则更侧重提供专业的诊疗（屈英和、钟绍峰，2012）。患者会将作为熟人的医生拟化为亲属或朋友的角色，从而需要从医生那里获得情感上的需求，但对于医生来说从患者处获得的额外收益仍只是作为对其更专业诊疗的交换。

（二）医学文化领域：医德与医术的冲突

在医患交往中，医学文化也是一种制约行动者社会行动的规范和制度，伴随着文化变迁，医患双方对医患交往中的角色认同也会随之发生改变。在传统医学文化中，医患关系以信义为基础，强调以患者为本，医者需以德为先，医者的品德是建立医患信任关系的基础（张艳婉等，2017），传统医学文化中更强调医生是一个"道德家"的角色。而在现代医学文化中，"竭尽全力除人类之病痛"是医生的己任，这里更强调医生作为除病祛痛的"专家"角色。但在现代医患交往中，对于患者来说，由于知识壁垒的存在，医生的专业技能高低并不容易判断，特别是在能够得到合理诊疗结果的情境下，受到传统文化的影响患者更看重的是医生的个人品德，评判的标准就是患者在诊疗过程中所体验到的人文关怀。此外，媒体对医生角色的渲染又加深了患者和公众对医生的角色期望的偏差，公众在媒体中所感知到的医生形象无论是正面还是负面都侧重于对其品德的判断，也表明整个社会对医生的首要期望还是医者仁心，患者首先要求医生是道德家，其次才是专家的角色。然而对医生来说，在接受现代医学教育的前提下，医生的角色意识形成以专业技术为主导，医生更倾向于将自身角色定义为"专家"。在医疗实践中，是否符合专业的标准，是否为疾病的演化趋势，是否关系到技术水平与设备性能等成为医生主要考虑的问题（尚鹤睿，2008）。与患者建立良好的情感沟通相对退居到次要位置，尤其是在当前医疗资源紧张的前提下，医生客观上的确难以有更多的时间和精力在情感上无微不至地关照患者。

（三）医疗活动领域：医患角色权力的冲突

权力不对称对于医患关系显然是一个重要的问题，医生比患者具有更加专业和丰富的医学知识，具有强势的决策能力和权力。随着医疗技术的发展以及现代医学体系的建立，医患角色认同冲突的另一来源在于在医患关系的权力格局中，双方权力与地位的此消彼长。在传统医患关系中，由于医学技术的落后，在医疗实践中医者往往需要患者以及患者家属的大力配合，患者在这一过程中有着很强的参与性和自主性，"病家试医、择医"等现象表明患方在医患关系中具有担当主导者角色的可能性。而现代医学制度在全社会的建立和普及使医生作为职业群体的权威得以建立，在医疗过程中患者的权力下降而医生的权力上升。对于医生来说，作为专业医学知识的掌握者，医生理应是治疗过程的"主导者"，而让缺乏医学知识的患者参与医疗决策的过程可能会对医疗效果造成干扰。但是对于患者来说，从传统的医疗实践中的参与者转变为被动的"病患"，患者权力在医疗领域中不断下降，他们并不希望被看作医学中的病患，而是希望作为"独立的社会人"被赋予更多参与医疗实践的权力。医患信任关系破裂甚至引发医患冲突的原因之一是，患者往往越过合法机构及程序对医疗活动的问责。出于自己的局限理解，出于简单维护自己权利的角度，患者对医生的行为进行褊狭问责，造成医患信任关系荡然无存，医生和患者之间充斥着怀疑、愤怒甚至仇恨。

（四）市场关系领域："消费者－患者"的冲突

医疗市场化以后，患者与医方均成为市场主体，患者被赋予消费者的身份，相应的，医疗机构也拥有了市场服务的提供者的身份，医患双方的角色认同会受到消费文化的影响。对于患者来说，当他意识到自身作为医疗服务的购买者，他就具有与医疗服务提供者讨价还价和谈判的可能，消费意识会使患者试图维护自身的权利（余成普、朱志惠，2008）。并且，以医疗服务为标的的交易风险具有特殊性，医疗失败的意外风险往往由患者来承担，这就使患者更有意愿积极主动地参与医疗决策的过程。但对于医生来说，在我国医疗体制下，医生并不是完全的市场主体，医生的收益不完全取决于其所提供的医疗服务，相应的，医生的角色与普遍意义上的市场服务提供者之间有所不同，在医患互动中，医生并非必须回应患者参与医疗的需求。此外，医疗服务不仅具有交易风险的特殊性，还具有客体的特殊性，患者的身体健康被商品化了，想要获得良好的治疗，患者就不得不"服从"。在医疗领域与其他社会领域中所感知到的消费体验的落差，使患者在主动的消费者与被动的患者角色之间难以实现平衡。

三　患者的偏差角色认同

医患信任水平的变化一方面是由于自上而下的政策举措，改变了卫生服务的组织方式，另一方面是由于更广泛的社会和文化过程产生了弱化权威、怀疑专家的现象，个体自主进行风险判断的倾向加强。医疗活动的复杂性、患者个体认知资源和能力的有限性都使患者不可能对活动后果有充分、完全和精确的预期，对后果的控制能力于患者而言更是微弱。医患关系和医患角色的转变使患者面临角色失范和角色认同的冲突，在医患互动中患者对于医患关系缺乏理性认识，在践行其自身角色时也往往缺乏可供参照的标准，其所导致的结果就是对于患者来说理想中的医患关系与现实中所体验的医患关系相去甚远，这种心理上的落差感令患者对其所置身的医患关系感到不满，加上医生与患者之间也难以产生情感上的共鸣，患者容易感到缺乏安全感和保障。对于患者来说，对医患关系所产生的心理上的落差感会指向不平等的心理体验，在医患双方的互动中，患者主观上会将自身归于弱势的一方，即与社会其他人相比在心理、生理、能力、机会和境遇等方面相对处于劣势地位的一类人（董海军，2008）。一方面是患者角色在现代医患权力结构中天然地处于弱势地位，另一方面是患者心理上的不平等感受使患者难以建立对医方的信任。在医患交往实践中，一旦发生医患纠纷，患者会利用其自身的弱势地位抗争维权。

在医学领域以及社会生活领域中，患者的客观的弱势地位与主观感受使其难以与医方建立信任关系。仅从医学领域来看，与传统医疗实践中患者可以作为参与者主导医疗不同，现代医学已经变成一个高度专业化的领域，医疗机构和医生作为专业化知识和技术的掌握者往往处于支配地位，作为病患的个体发言权极其微弱。医疗方式的专业化、技术化取向往往针对疾病本身，在治疗过程中，患者感到自身并非一个完整的"人"。作为病患不得不接受医生的指导，但这种被动的地位又使他们往往对医方充满疑虑却无法排解，尤其是一旦短时间内没有得到满意的治疗结果，患者极易滋生不信任的情绪。将医患关系置于社会生活领域，可以发现患者在社会中的弱势地位以及患者本身主观的不平等感受更明显。对于医生（或医院）来说，诊断治疗是职业，一旦不能归责于医生的风险发生，失败的治疗结果几乎全部由患者来承担，医生所要承担的仅限于由自身可避免的失误所带来的职业风险。从患者的角度上来看，治疗行为远远不只是接受对身体的操纵以及承担可能会对身体健康产生的风险。疾病对于患者来说，本身就是身体和心理上的双重折磨，一方面他要忍受身体上的痛苦，另一方面又很有可能会因身体患病而对生活造成的种种负面的影响产生负面的情绪。"因病致贫"在我国社会中是比较常见的情形，患病尤其是慢性病或某些危及生命的重大疾病往往需要大量投入，包括金钱、人力和情感，而一旦由不可抗力导致的风险发生，没有取得预期的治疗效果，对患者个人和家属来说都是沉重的打击。这就可以解释为什么患者对医方会产生过高的期望，却很难对医生产生信任，因为在这场"交易"中他们承担了更高的风险，但也更脆弱，再加上在治疗中缺乏参与感，一旦患者在诊疗行为中产生质疑，医患间的不信任便会急剧放大。对于生活拮据者来说，患病很可能意味着他们将落入社会的深渊，成为社会中的弱势群体。当难以治愈或治愈的希望渺茫时，选择治疗极有可能出现"人财两空"的后果。

　　医患冲突是医患不信任最激烈的表现形式。在医患冲突中，医患双方在知识占有、资源能力和组织化程度等方面的差异，使患者在客观上处于结构性弱势地位（彭杰，2015），主观上患者感知到自身角色的弱势地位并积极利用"弱者的武器"。生活经验与直观感受告诉我们患者似乎并非处于相当弱势的地位，相反他们看起来很强势，尤其是在媒体频繁报道的医闹事件中。我们会产生一种错觉：在医患关系中患者处于强势的一方，患方对医院的"胁迫"是导致医患关系紧张的主要原因。患者在医疗冲突中所采用的抗争手段反映了公众对于制度性的冲突解决方式的不信任。当患者需要维权时，理想的做法应该是采取制度内的合法手段，比如采用诉讼的维权方式，但在实际操作中，部分维权者会认为静坐、拉横幅等方式更直接有效。患方更倾向于采用弱者的武器来解决问题，如果院方没有回应或者双方不能达成一致，患者会选择问题放大化的策略扩大事态，从而迫使院方妥协（聂洪辉，2010）。这表明患者对制度化的冲突解决机制的不信任，而地方政府出于维护社会稳定的需要又为患方非制度化的维权形式提供了政治机会。在以"医闹"方式维权成功的案例中，患者所获得的"人道主义补偿"会形成不良的示范效应，产生模仿者和追随者。患者更容易将不平等的意识带入维权行动中，他们不仅意识到自身角色的弱势，更主动将其作为一种维权的筹码应用。但在医疗纠纷中，患者种种过激的做法往往会导致两败俱伤的结果，有损整个社会对于医患信任的信心。医院作为公共医疗机构在面对冲突事件时理应采取制度化的解决机制，但也有不少医院或医生选择"私了"，反映了无论是患方还是医方对于合法维权的机制都信心不足。事实上，中国社会普通民众都处于一种"非制度化"生存状态（聂洪辉，2010）。联系我国的信访问题，就可以发现在我国公民更倾向于采取一种非正式的、类似于诉怨的手段去维权，"凡事大闹大解决、小闹小解决、不闹不解决"。因此，当医患双方以及公众普遍怀着对正式的冲突解决机制的不信任，那么在有风险的医疗活动中无论是从医生还是患者的角度来说都很难建立信任感。

四　医患角色认同与医患信任建设

首先，医生职业的特点既有服务性，也有科学性，更有道德高尚性。医生的工作成就体现在攻克疾病给人类带来的困扰和痛苦，为患者健康谋福祉。无患者，就无良医；无良医，患者也饱受煎熬。医患角色本质上是相互依赖，相互共生的。医患信任建设是一个循序渐进的过程，发展方向在于相互合作。合作型医患关系为信任的产生提供基础，能够极大地缓解患者所面临的角色冲突。在合作型的医患关系中，医生与患者之间并非道义上的"陌生人"。作为合作者，医生能够发挥其专业特长，而患者也不再是被动的病患。从情感体验上来说，以合作为基础的医患关系带给患者的是作为拥有独立人格的客体，在社会交往中体会到的是尊重和平等。医患之间能够更加理性地交流而不掺杂对立情绪，信任就会自然而然地产生。

其次，医生以及医疗机构作为"职业专家"或"专家系统"，可以主动改善医患间信息不对称状况，实现信息开放，努力扭转患者存在的偏差角色认同。医患间的信息不对称源于医生与患者间专业医学知识上的差异。这种差异可以随着公民科学素养的提高而相对缩小，但在现代医学中天然的信息不对称不可能会完全消失。医疗领域在一定程度上还缺乏健全的信息开放机制，医方对于实现信息共享既没有畅通的渠道又缺乏动力，其结果容易导致医患双方间不理解、不信任。彼得·什托姆普卡（2005）认为，信任存在三个维度，即关系的、心理和文化的，由于缺乏有效的信息沟通，当前医生与患者间呈现关系陌生、心理疏离、文化隔阂的状态。"共享"不仅仅意味着诊疗信息的共享，还强调医疗方案、体验感受、价值信仰等在医患互动中的沟通与分享，其本质在于提高患者对自身主体地位的感知。在信息共享的基础上，应实现医疗决策的双向参与。在医疗实践中，医生由于掌握专业医学知识和诊疗技术，理所当然地成为医疗决策的主体，但这并不意味着患者在医疗决策形成过程中没有参与的必要性。

医疗决策要结合不同的情境，充分考虑患者的病情、医学知识水平、参与意愿以及其"独特的文化和个人信仰"（刘俊荣，2017）。提高患者在医疗决策中的参与感并非鼓励患者干预医疗过程，而是充分考虑患者身体病痛与现实生活的状态和需求，使患者感到被当作平等的主体对待。

最后，现代医患领域中角色互动的模式主要有主动－被动、指导－合作、双向参与模型，它们分别适用于不同的诊疗情境（考克汉姆，2012）。当前我国普遍存在的医患间互动类似主动－被动模式，决策权力一般都掌握在医生的手中，患者处于被动的地位，在这种互动模式下患者极易产生不平等的心理体验，不利于实现患者对医生的信任。应当建立患者与医生间的合作关系取代支配与被支配的互动模式。建立合作型医患关系最主要的目的在于改变患者在医患互动结构中对自身角色和定位的认知，理性预期和尊重医生的医疗活动。改善患者的弱势角色认同，提升患者抵御风险的能力。病患的角色意味着在医疗活动中他们承担较高的风险。努力帮助患者规避风险，减少由风险带来的损失。大力开展多重制度建设，包括医患之间风险和责任归属的确认机制、医患冲突的法律解决机制以及重大疾病医疗保障机制。制度建设是一个漫长的过程，也是建设合作型医患关系、重建医患信任最有效的保障。在现代化社会中，信任关系的建立要遵循制度信任的逻辑，健全的制度能够减少社会交往的不确定性。制度信任是建立人际信任的基础，在医患领域更是如此。

参考文献

阿瑟·克莱曼，2010，《疾痛的故事：苦难、治愈与人的境况》，方筱丽译，上海：上海译文出版社。

彼得·什托姆普卡，2005，《信任：一种社会学理论》，程胜利译，北京：中华书局。

程国斌，2017，《中国传统社会中的医患信任模式》，《东南大学学报》（哲学社会科学版）第 1 期，第 33 ~ 39 页。

董海军，2008，《"作为武器的弱者身份"：农民维权抗争的底层政治》，《社会》第 4 期，第 34 ~ 58 页。

房莉杰、梁小云、金承刚，2013，《乡村社会转型时期的医患信任——以我国中部地区两村为例》，《社会学研究》第 2 期，第 55 ~ 77 页。

黄晓晔，2013，《"关系信任"和医患信任关系的重建》，《中国医学伦理学》第 3 期，第 300 ~ 302 页。

李仪、冯磊，2016，《论我国医患信任结构的异化及其重建路径》，《医学与哲学》第 8 期，第 54 ~ 56 页。

梁立智、王晓燕、鲁杨、吴利纳，2008，《医患关系调查中医患信任问题的伦理探究》，《中国医学伦理学》第5期，第37～38页。

刘俊荣，2017，《基于责任伦理的医疗决策主体之审视》，《医学与哲学》第10期，第7～11页。

刘小龙、勾瑞波，2017，《从个体信任到制度信任——医患信任的制度审视与重构》，《山西师大学报》（社会科学版）第2期，第9～15页。

马德勇，2008，《信任、信任的起源与信任的变迁》，《开放时代》第4期，第72～86页。

聂洪辉，2010，《"医闹"事件中"弱者的武器"与"问题化"策略》，《河南社会科学》第5期，第127～130页。

彭杰，2015，《患者维权的行动逻辑：一个初步的分析框架》，《新视野》第5期，第91～96页。

乔纳森·特纳，2001，《社会学理论的结构》，邱泽奇等译，北京：华夏出版社。

屈英和、钟绍峰，2012，《"关系就医"取向下医患互动错位分析》，《医学与哲学》第11期，第34～36页。

任学丽，2014，《单位制度变迁视阈下社会转型对医患信任的影响》，《医学与社会》第1期，第36～39页。

尚鹤睿，2008，《心理学视角下的医患关系》，《医学与哲学》（人文社会医学版）第4期，第12～15页。

汪新建、王丛、吕小康，2016，《人际医患信任的概念内涵、正向演变与影响因素》，《心理科学》第5期，第102～109页。

威廉·考克汉姆，2012，《医学社会学》，高永平、杨渤彦译，北京：中国人民大学出版社。

谢铮、邱泽奇、张拓红，2009，《患者因素如何影响医方对医患关系的看法》，《北京大学学报》（医学版）第2期，第141～143页。

杨宜音，2013，《逆反社会心态解析》，《人民论坛》第19期，第62页。

余成普、朱志惠，2008，《国外医患互动中的病人地位研究述评——从病人角色理论到消费者权利保护主义》，《中国医院管理》第1期，第62～64页。

张孙彪、林楠、陈玉鹏，2010，《中国古代医患关系中的信任问题——以"就医方"为考察对象》，《医学与哲学》（人文社会医学版）第6期，第38～39页。

张艳婉、张元珍、喻明霞、王超、毛新志，2017，《医患信任的伦理困境及解决策略》，《现代生物医学进展》第13期，第2569～2573页。

周常春、徐雪，2015，《近年来国内外医患信任研究综述》，《昆明理工大学学报》（社会科学版）第1期，第8～14页。

周晓虹，2008，《认同理论：社会学与心理学的分析路径》，《社会科学》第4期，第46～53页。

中国社会心理学评论 第 14 辑

第 37~51 页

交换资源特征对医患信任的影响：
社会交换理论的视角*

程婕婷**

摘 要： 医患互动产生的资源交换过程，既能满足医患双方作为交换主体的需要，又是彼此展示自身值得被信任的途径。交换资源的透明度、协商过程、持续性影响医患信任的建立。医方公开记录、说明医疗方案和结果、通俗化表达医学术语，以及患方表明意愿、偏好、对医疗信息的反馈，这些方式通过提升医患资源的透明度，有助于双方判断资源交换过程的风险，为医患之间共同商讨并选择医疗方案的协商交换过程，提供风险排除与信任建立的基础。另外，人情或关系资源的持续性互惠交换过程，需要医患双方相信彼此不会损害对方的利益，所以，医患双方若产生持续性的资源交换效果，同样可以证明自己值得被信任。

关键词： 社会交换 医患信任 透明度 协商交换 互惠交换

医疗纠纷、暴力伤医、"医闹"等事件日益频发，医患信任危机是重要的影响因素之一。"狭义的、人际水平的医患信任（doctor-patient trust）是指医患双方在互动过程中，相信对方不会做出不利于自己甚至有害于自己行为的一种预期判断和心理状态。"（汪新建、王丛、吕小康，2016）广义的医患信任还包括医患双方对整体医疗体制以及医患群体之间的态度预

* 本研究得到教育部哲学社会科学研究重大课题攻关项目（15JZD030）的资助。
** 程婕婷，女，山东大学（威海）法学院社会工作系讲师。

期与刻板印象，即制度信任和群际信任（Ozawa & Sripad，2013）。医患信任离不开资源互换的利益衡量，这也是收益与风险对医患互动的影响。Lewick 和 Bunker（1996）指出，基于经济交易的理性决策是人际信任发展初期的计算型信任（calculus-based turst）。那么，交换主体为增强利益衡量的准确性，通过获取更多交换资源信息，有助于降低风险的发生概率，避免信任危机的出现。

在医患互动中，患方的健康受到威胁，医方手中的资源恰好是他们最为迫切的需要，因此，若患方的交换之物无法换取健康，他们便可能产生被对方利用或者剥削的想法，即出现信任危机；当医方的付出得不到患方的恰当回应，他们也同样会产生类似的信任问题。基于这样的资源交换过程，社会互动中的信任是一种关系性的存在，交换主体为显示各自的可信赖性，自身必须具备可以被信任的条件和相信他人的能力，与此同时，面对不同的交换对象，交换主体还要从自身具有的所有值得被信任的条件中，选择恰当且适用于特定对象的条件（程婕婷，2017）。

其实，"医患的求治互动过程是一个以信任为核心的过程：患者希望自己的痛苦得以治愈或缓解，而医生希望患者配合自己的诊断和治疗"（吕小康、张慧娟，2017）。医方掌握专业知识和技术手段，而患方处于自身病情判断与治疗方案选择的弱势地位，本来就是医患关系不对等的体现，易导致医患资源不平等交换的风险。风险作为信任产生的前提，互动双方需要展示自己值得被对方信任的条件，尤其是医患互动过程中，患方参与医方诊疗过程以及了解治疗方案，需要医方进行合理有效的信息传递，医方则从患方的参与过程中了解其身心需求。那么，医患双方的交换资源特征将影响互动过程的进行及信任状态。

一　交换资源的透明度与信任

透明度（transparency），也称透明化或者透明性，是政治学、管理学、经济学、法学等诸多学科领域的研究内容。透明度是保证公众获取某指定实体的结构与运转等信息的原则之一（Heald，2006），与作为组织特征之一的公开性概念略有区别，应使公布的信息经过公众接受者的理解和加工后具有应用价值。这样公之于众的状态，有助于遏制公共服务部分的腐败或者不良表现，保持更优质且更值得信任的形象（O'Neill，2006），也使公众得益于透明度而获取充足信息以评估风险，对经济问题等各类事情进行自主决策（Ripken，2006）。近些年来，政府作为提供公众服务的主要主体，普遍通过各类公众通信网络发布政府活动和表现的信息以提升自身透明度，致力于增强公众对政府管理的信任。于文轩（2013）运用基于中国城市服务型政府建设的测评指标体系的调查数据，包括公共教育、公共卫生等八大政府基本公共服务的服务质量，通过多元线性回归模型发现政府透明度的提高会提升政治信任。

从社会交换理论的视角分析，公共部门通过提升透明度以增强被信任水平的原因，与公共部门向群众展示自身的可信任条件有一定关系。这对于医患资源交换过程中，交换主体未能展示自身的可信任条件而产生互动双方的信任危机，具有一定的启示意义。毕竟，医疗服务一线的医务工作者以及多数医务工作者所属医疗机构同为医方主体（卫生部统计信息中心，2010），并且政府直接参与医疗卫生体制的建立和改革等过程，一旦因为缺乏向患方提供其所需资源的有用信息，即患方较难从医方以及政府所公布的内容中获取有利于交换过程决策的信息，将易于导致医患互动过程出现资源交换问题，医患信任状况亦将逐渐受到影响。与此同时，媒体"往往会采取有偏好的立场选择和叙事框架，媒体中的医方形象多呈现出负面形象"（汪新建、王骥，2017），患方由此途径所获得的参考信息，既可能不利于同医方进行资源交换时的决策，又导致医方缺少证明自身值得被信任的机会。

医患互动过程中的透明度问题，集中于医方明确其针对患方的健康状况、治疗程序、与患方的关系和矛盾等现象的行为和意见（Berwick，2009），围绕机构的公开性和信息共享模式，具体表现为医方对患方进行临床治疗时，为促进彼此明确医疗信息和治疗能力而使用的沟通策略（Brody，1989）。医方的治疗方案与医学知识是患方所需要且期望交换的资源，但是，受制于医疗体制或机构规定以及患方自身对医学知识的匮乏，患方难以获知并判断这些方案与知识符合自身需要的程度，最终只能以治疗结果衡量资源交换的利益得失，较难有效提前判断交换风险。

透明度的提升确实有助于减少患方对治疗过程不确定性的过多顾虑，提升患者的满意度、对医方的依赖、症状缓解和生理改善效果（Silverman，Kurtz，& Draper，2005）。Robins 等（2011）分析治疗日程、沟通方式、医方的非治疗行为、治疗检查、医嘱说明五种体现治疗过程透明度的医方行为，以及医学术语通俗化、诊断结果说明、治疗方案说明、针对患方情况表达意见与关注的反应四种体现治疗内容透明度的医方行为，发现医方较多表现内容透明度的沟通行为有助于患方理解治疗资源，但是，患者对医疗内容的需求频率不高，若有需求时，也集中在医方已经较多呈现的医学术语通俗化和对病情的看法等方面。由此看来，提高医患互动中交换资源具体内容的透明度，有助于患方对医疗资源的理解，提升患方在交换过程中的自主性，丰富患方所需要的交换决策信息和促进医患关系的发展。医患会话中医生使用"有点问题""有点高"等模糊限制语，虽然目的是把不便明确的话说得不那么确定，以避免武断，却会降低患方对医方的信任感以及患方对治疗方案的准确理解（王丹旸、朱冬青，2015）。因此，患方得以理解并运用医疗信息是体现医患交换资源透明度的关键。

　　Delbanco 等人（2012）追踪 105 名来自美国华盛顿州 3 个医疗机构的家庭全科医生为期一年的诊疗过程，接受邮件调查的患者至少拥有一份医疗过程的完整电子信息记录。结果显示，3 个医疗机构各有约 60% 至 78% 的患者在获知服药记录后提升了对该药物的信赖；26% 至 36% 的患者拥有更为亲密的医患关系；59% 至 62% 的患者认为他们应该对医生的治疗记录增加其自身的理解和看法，但是 85% 至 96% 的医生并不同意这种做法。随着追踪研究接近尾声，接近 80% 的患者阅读过自己的治疗记录，其中，参与问卷调查的大部分患者表示，对自己的治疗计划有了更好的认识和理解，99% 的患者期望医生继续公开医疗记录，医生对此普遍表示赞同。可见，医生仅仅通过公开记录就能有益于诊疗过程的开展，既符合患者期望了解自身治疗记录的要求，又能令患者从记录中获取一些有益于自身的客观医疗信息。加之患者普遍希望治疗记录继续公开，可见，对于患者来说，信息可以被知晓就已经具有了促进医患资源交换的作用。与此同时，患者还可以通过护士、医师助理、治疗负责人、社会工作者、药剂师、康复专家等多种医方相关主体获取所需的治疗记录信息（Walker, Darer, Elmore, & Delbanco, 2014）。

　　其实，医疗记录向患者公开已经伴随着电子信息发展以及医疗机构的电子化设备更新而逐渐得以实现。患者可以凭借密码等安全途径仅获得包括个人的生理检验、放射检查、病理状态等结果的电子邮件。对于医方来讲，从最初完全自主选择向患方展示医疗记录的内容或种类而使患方获得最大的安全感，发展成公开医疗记录后通过患方和同事的信息反馈而学会与患方共商治疗方案，其实也并未限制医方的治疗过程。患方从获知的医疗记录中产生疑惑乃至发现问题，若在后续治疗中得以被纠正，也能促进患方产生安全感，进而增强患方对医方的信任。只是，当前的健康信息系统并不能根据医患双方对共享信息的偏好而设置多种信息组合形式，难以达到医患资源交换的理想状态（Walker, Darer, Elmore, & Delbanco, 2014）。

医方公开医疗记录是直接体现交换资源透明度的可行性方式，需要注意的是，患者可以充分理解医疗记录的含义才是衡量交换资源透明度的指标。王丹旸和朱冬青（2015）从信息交换视角梳理医患沟通状态的衡量指标，指出患者对医学检查、治疗过程、药物说明等医嘱的理解程度以及医患双方对疾病的风险认知差异都是衡量医患沟通状况的认知指标。医患间交换信息数量影响患者对治疗方案的理解，信息类型若以数据形式呈现易引发患者的理解困难与被误导，与此同时，患者对医嘱的理解程度较低，这些均表明医患沟通存在障碍，必将影响良好医患关系的建立及医疗服务质量的提升。

但是，提高交换资源的透明度也具有一定的消极作用，比如，涉及患方隐私性的医疗信息，尤其是电子记录形式的信息向患方公开时，亦存在被他人获知的可能性；还有一些患方所需的医疗资源在医方的提供过程中确实存在一些关键信息模糊与敷衍（watered-down）的情况，令部分患方判定资源交换存在极大的风险，质疑医方的资源情况而无法产生信任；对于一些患方来说，无论是医方所具有的普适性医疗资源还是能向自身提供的针对性医疗资源，在其获知与理解之后则直接引发困惑、担忧或者对抗等反应，前述 Delbanco 等人（2012）的追踪研究中，即有 1% 到 8% 的患方属于这种情况。对此，可以借鉴学者研究政府透明度问题时的理论和论证过程。对透明度持悲观主义的人普遍认为，政府丑闻甚至逆合法性（delegitimization）等不利于政府形象的事实性信息也会伴随透明度的实现而曝光。然而，有学者从信息加工视角发现信息接受者即公众自身特点影响透明度与信任关系的情况，比如，公众的先验知识与信任倾向（Grimmelikhuijsen et al.，2014）、公开信息的性质（Licht，2014）等因素的不同状态导致公众对公开信息的不同信任情况。

可见，社会交换理论认为自利性的主体以资源利于自己为前提判断交换风险，并受制于曾经的互动行为过程与结果，对当前交换行为与反应作出判断，忽略现有资源交换的价值权衡。也就是说，医患双方进行资源交换时，交换主体必然受心理因素影响而难以客观理性地分析与理解信息内容。

二　交换资源的协商过程与信任

基于当前医疗制度的规范和模式，医患双方进行资源交换之前缺乏直观明确的协商过程，却普遍遵循协商交换模式完成互动。协商交换通过双方共同制定交换策略，以降低交换过程中不确定性因素和风险的出现。不确定性因素和风险的数量越少，交换主体间产生信任的机会越少，即不确定性因素和风险是交换主体证明自身值得被信赖的前提。当前的医疗体制取代了医患间的部分协商过程，加之医疗服务或医学知识资源的特殊性，降低了医患双方进行协商的可行性。毕竟大多数患方缺乏专业的医学知识，只能凭借经验或感觉判断健康与否以明确自身的利益，无法客观理性地辨别医方资源的价值，只能依赖医疗体制所提供的医疗机构、医务工作者等医方信息进行判断。这样的自主选择取代患方与医方之间共同协商的部分环节，难以真正了解与避免资源交换过程中的不确定性和风险，即使医患双方达成治疗协议，对医患双方行为的约束力也具有较大的局限性。这样的协商并未真正排除资源交换中的风险和不确定性，以至于交换过程中一旦出现意外而有损主体利益，主体即使质疑自身所采取的协商策略不恰当，也可能忽略协商过程存在缺陷，转而对策略内容所涉及的主体表现产生认识变化，比如，医生未严格履行责任、能力不足，以及患者未必具备基本的医学常识等。对此，医患双方尽管增多了证明自身值得被信任的机会，但证明难度也随之增强（程婕婷，2017）。

交换资源的透明度有助于医患之间协商过程的进行。以医方向患方提供治疗记录为例，当患方已经熟悉这些治疗和临床记录的内容时，有些患方逐渐在意自身与医方共享的信息内容，有些患方需要对自身信息的使用过程具有更多的控制权（Walker, Darer, Elmore, & Delbanco, 2014）；一个多世纪以来，英国国家医疗服务体系（National Health Service, NHS）始终致力于推进以患者为中心的服务政策，有效的实现路径之一就是增加公众参与和商议医疗过程的合法责任，具体操作方式为"参与的连续性"（involvement continuum），即通过医方向患方提供信息、医方从患方获取信息、医方引导患方共同商讨、医方邀请患方参与决策四个环节而实现（Boudioni & McLaren, 2013）。

显而易见，患方有针对性地提供自身信息是实现医患协商的重要组成部分。伴随着医患交换资源的透明度提升，医患之间有助于彼此理解，应用于治疗过程的信息也逐渐丰富，呈现患方卷入医疗过程的现象。所谓卷入现象，即影响人们决策以及促使人们介入与自身生活相关活动的各类状态（Involve, 2005）。国际医学决策学会曾于 2005 年第 27 届年会，集中讨论医学研究中患者决定的优先权等议题。Bastiaens 等人（2007）访谈英国、法国、奥地利等 11 个欧洲国家 70 岁以上老人关于初级医疗保健的过程，通过内容分析发现，这些老人期望建立具有信任、支持、交流、以个人态度为中心且自身利益被关注的医患关系，还希望获取所需要的医疗信息。对于他们来说，这些卷入医疗过程的方式比参与治疗决策更为重要。Ekdahl，Andersson 和 Friedrichsen（2010）调查 75 岁以上身体衰弱且一年内多于 3 次住院经历的老人，通过对半结构访谈内容的分析发现，老人期望通过获取医疗信息参与治疗过程，以及被医方详细认真地告知相关内容，并不在意利用这些内容参与医疗方案的决策乃至决策结果。

可见，以老年患方为例，获取医疗信息作为一种实现医方交换资源透明度的具体方式，是患方卷入医疗过程的重要途径。这些信息尽管只是患方的检查数据、医疗过程的进展情况等内容，却也是展现医方的医疗服务和医学知识的表征形式之一，恰好奠定患方与医方之间的信息基础，以避免资源交换协商过程中的不确定性和风险。患方通过获取关于自身医疗信息而进入卷入状态，实则是提升对医方服务和医疗知识的认识，调整与医方互动过程中自己的判断，推动自己进行交换资源的协商策略选择。

在社会交换理论视角下，医患双方之间以不断进行自身所具有且对方所需要的资源展示为基础，完成交换决策以达到最终目的，所以，医患双方的决策推动资源交换的进程。医方和患方为了实现共享彼此的知识、偏好和观念，可以通过共享决策过程（shared decision making）成为合作伙伴，有利于提升患方的治疗效果和医方的医疗服务（Street，Makoul，Arora，& Epstein，2009；Street，Elwyn，& Epstein，2012；Stiggelbout，Weijden，Wit et al.，2012）。Couet 等（2015）综合分析使用"患者参与医疗决策的观测工具（Observing Patient Involvement in Decision Making Instrument，OPTION）"收集数据的研究成果，发现医方持续推进患方卷入医疗过程的情况较少，甚至更少根据患者偏好进行治疗策略的调整。这样的状态必然阻碍患方实践共享决策，因为医方可能无法做出"意识到患方某疾病应由医患共同决策以制定治疗方案"、"阐明治疗当前疾病的多种途径"和"核实患方明白所获医疗信息程度的情况"等行为（注：这些行为来自 OPTION 的行为评定列表），令患者难以获取所需资源的信息，甚至无法确定可以获取信息的机会，更不易明确对已掌握信息的理解程度。

医患双方如果无法有效掌握交换资源的信息，将直接影响交换的决策过程，导致患者难以卷入医疗过程。对此，医患共享决策成为目前促进患者卷入医疗过程以影响医疗服务效果的可行性方法之一，患者的意愿和对医疗信息的反馈意见可能影响医疗方案的调整，由此形成医患双方针对交换资源展开协商的现象。比如，血液透析患者对预后结果和获捐移植资格的预期比医生持更为积极的态度，并且影响自身对医疗方案的偏好，医生若关注患者对医疗决策的卷入过程将有助于双方针对预后结果建立有效的沟通（Wachterman et al.，2013）；患者参与医疗决策的程度影响医生制定医疗检查的方案，产生治疗资源消耗的差异，即愿意参与医疗决策过程的住院患者在住院天数和医疗费用上略高于其他患者（Tak，Ruhnke，& Meltzer，2013）。以美国的初级医疗层面为例，患者参与医疗决策过程越来越受到重视，但是，患者在基本的常规检查、药物使用和治疗程序等方面的参与难度较高，医生的父权式医疗决策现象依然明显（Fowler，Gerstein，& Barry，2013）。

医患双方建立并保持共享医疗决策的互动关系是以患者为中心的治疗理念（patient-centered care）所坚持实现的核心目标（IPFCC，2015）。除了医生和患者，护士等各种医务工作者和患者家属均是医患关系的主体，Epstein 和 Wolfe（2016）调查父母、配偶、子女等重症监护患者的家属对医生和护士的信任情况，发现家属间的意见一致性越高，信任医方和参与医疗决策的程度越高，其中，测量信任情况所使用的维克森林医师信任量表（Wake Forest Physician Trust Scale，WFPTS）所包含的题目也是用于了解患方针对医方所能提供交换资源情况的一种预期判断和心理状态，比如，"完全信任医生告知我关于医治家人的所有不同治疗方案"和"完全信任护士告知我关于他们做什么事情和为什么这样做的说法"。可见，针对交换资源的具体情况，医患间的协商过程既是医患互动状态和信任程度的具体表现，又是促进医患关系建立和信任提升的切入点。

但是，受制于当前医学发展的局限性，医疗服务和医学知识等资源本身具有不确定性，许多疾病普遍缺乏标准或最优治疗方案。即使医方根据患方的决策偏好而提供其所需信息，患方也能有效理解并运用这些信息，但是，各种有效的医疗方案均具有风险和益处时，患方依然难以决策。此时，医患之间同样面临交换资源的不确定性，尤其是所选方案未能带来预期治疗效果之后，患方对医方资源的认可程度可能受到影响，质疑医方未提供合理有效的治疗服务。患方做出决策前已经知道治疗方案存在风险，却仍无法客观评价医疗资源，将直接影响医方对患方的信任。Politi 等人（2011）运用 OPTION 测量女性患者参与乳腺恶性疾病治疗方案的卷入情况，发现患者卷入医疗过程有助于其接受医学知识的不确定性，但医患双方沟通这些不确定性的内容，反而降低了患方的决策满意度。不过，这样的沟通确实有助于提升医患间的信任感（Schapira，Nattinger，& McHorney，2001）。

可见，医方所提供资源的不确定性特点始终是医患交换过程的风险之一，即使增强患方对资源信息的掌握和理解程度，实现共享医患决策等卷入性的协商过程，也未必能排除医患双方认为自己被对方利用的可能性，尤其是医方难以完全利用这样的风险证明自己值得被信任。Politi 和 Legare（2010）发现患者性别、住院医师的级别、医生每周工作时长等因素导致患方对不确定性具有不同的焦虑反应，进而影响医患共享决策的效用。所以，从社会交换理论视角出发，分析医患之间的资源交换风险与信任关系时，患方参与医疗决策的意愿和实施作为协商过程有助于风险的排除，但应注重不同患方对风险不确定性的反应，以分析医患共享决策影响医患资源交换协商过程的作用。

三　交换资源的持续性与信任

对于任何理性思维或者明文规定的制度，中国社会所特有的人情交往普遍存在特事特办的情形，强调具体问题具体思考的个别性。人情同样使普遍性的医患交换形式附带特殊的资源交换，即患方利用关系资源换取医疗工作者的医疗服务和医学知识。基于人情的交换过程，患方可直接用关系资源换取，也可通过至少一人的第三方关系资源进行间接交换。从交换客体的互换时间角度划分交换形式，利用关系资源的交换属于互惠交换，其特点就是利益的单向流动，交换过程要么是一方对另一方施加恩惠，要么是回报曾经的恩惠。对于交换主体来说，利用关系资源与医疗资源完成交换，只是一种阶段性的目标，最终目标是实现某种关系的建立或持续。在现有的医疗体制中，大多数基于关系资源的医患互动交换形式是患方、医疗机构和医务工作者之间交换过程中非必要性的补充，亦是交换主体维持长期关系的一种途径（程婕婷，2017）。

"中国人的行为具有相当高的关系取向（relationship-oriented），有无关系或关系好坏成为信任能否建立的关键。"（汪新建、王丛，2016）人情或关系作为资源的交换过程以涉及情感成分为主要特征，有助于推动医患互动状态从初期阶段的计算型信任快速发展为了解型信任，呈现"医方强化了其采取恰当医疗措施的行为，而患方强化了其遵医嘱行为"（汪新建、王丛、吕小康，2016）的现象。McAllister（1995）曾将信任划分为基于认知的信任（cognition-based trust）和基于情感的信任（affect-based trust）两种类型，前者针对能力、责任、可靠性、依赖性等行为表现进行认知判断，后者以情感为纽带使个体间真正关心或担忧彼此的福祉，凸显共情、联结与和睦等共享性的人际特征（Schaubroeck，Lam，& Peng，2011）。当面对高风险的交换决策时，决策者若存在情绪方面的困扰，对专业人士的信任程度则低于那些善意建议者的信任，更愿意采纳后者的建议，反之，若情感困扰较低，则更信任前者并采纳其意见（White，2005）。

其实，医患双方进行资源交换时，决策过程经常掺杂强烈的情感，原因在于生命的特殊性，有时候，疾病的治疗时机仅有一次，且错失之后可能难以挽回，患方便极易处于焦虑担忧的消极情绪之中。医方若忽视情感因素对患方需求的影响，仅出于专业视角提供意见，患方由此获取医疗资源信息，参与治疗过程的制定与决策，依然可能陷入决策困扰且不信任医方的状态。如果有人情或关系资源辅助医患互动过程，任何一方处于付出或回报的状态之一，即使存在付出与回报的利益价值不平等现象，也缺乏有效信息推断对方意图与衡量利益得失，这反而为双方提供了证明自身值得被信任的机会，加之人情或关系资源必然包含人际情感因素，令医方的交换资源兼具医疗服务的专业性和联结患方的情感性，有利于患方信任并接纳医方所提供的资源信息而参与医疗决策。与此同时，医方可借助人情或关系资源了解患方对医疗资源的主观认知，丰富患方向医方证明其自身值得被信任的机会。而且，以情感为基础的信任呈现时间长、保持稳定、较少违背等特点（Holwerda et al. ，2013）。

建立持久或维持稳定的互动结构与关系网络是人们进行人情或关系资源交换的目的。在医患协商交换过程中，信任的形成具有一定的功能性，即患方对医生业务能力、针对性治疗方案、专业意见等医方资源质量产生积极预期。与此不同的是，在人情、关系资源的互惠交换过程中，交换主体未必同时完成资源付出和回报获得，信任的产生用于促进下一次互惠交换的进行，这样持续性的互动有助于情感成分的卷入与信任作用的改变。医患之间发展持续性关系对医患双方的利益、信任发展乃至医疗服务体系都有重要作用（Williams，2014）。Tarrant 等（2010）研究患者与同一全科医师的持续性积极互动过程发现，最初，患者被动使用功能性的计算型信任，以保证资源交换的顺利进行；随后，患者逐渐对医师产生安全性信任，认为医师的行为符合其自身需求，患者增强与医师的合作行为的同时，相信医生会基于患者切身利益提供医疗资源，的确降低了患方面临风险和不确定性的程度。

所以，与人情和关系为交换客体的互惠交换相似，持续性的医患协商交换同样能增加交换主体展现自己值得被信任的机会，使医患双方彼此了解，逐渐发展出了解型信任。只是，一些医患之间仅通过单次资源交换便完成互动过程，缺乏人情或关系资源的情感成分和持续性交换关系的建立，尤其是"短暂的互动时间很容易使患者对医生和医院产生负面的刻板印象"（吕小康、朱振达，2016）。其实，患方也希望与更为熟悉的医方完成医疗互动，Locatelli 等（2014）调查患者关于电话医疗的需求发现，与尽可能快速获得任何护士的咨询机会和治疗建议相比，患者更愿意同自己熟知的全科医师团队成员或曾经接触过的护士进行沟通。

另外，Dhawale 等（2017）通过案例分析发现，针对医学资源本身的不确定性等风险，医方不能仅局限于提供应对风险的医学资源，还需要帮助患方解决不确定性对其决策乃至生命的后续影响，并且增强患者积极展望治疗效果的良好情绪状态。可见，医患双方形成持续性的互动并不局限于资源交换的频次，可以通过医疗资源的持续性作用而实现，当患方所获取的医疗服务存在无法解决当前问题的不确定性时，医方若针对未来的各种可能性预先提供后续医疗资源，便可呈现持续性的资源交换现象，恰好利用不确定性和风险以证明自己值得被信任。

四　小结

社会交换理论从资源交换视角阐述风险与信任的关系，强调风险存在于任何交换过程之中，交换主体为了获得所需资源和维护自身利益，会采取多种策略避免风险的出现，以保证交换过程顺利进行，当某些风险仍然无法排除时，必须向对方证明自己值得被信赖，只有这样，对方才可能不受风险干扰，决定提供资源完成交换过程（程婕婷，2017）。根据社会交换理论，医患互动中的交换资源既能满足交换主体的需要，又是主体展示自身值得被信任的途径。

由于当前医疗体制令医患双方难以针对性地向对方展示自己所具备的可信任条件，提升交换资源的透明度便成为显而易见的促进措施。借鉴公众部门通过发布信息提升自身透明度以获取公众信任的方式，医疗机构作为医方的组成部分之一，亦可以向患方提供医疗服务和医学知识等信息，使患方得以判断医方资源的质量，证明这些资源符合患方的需要，并且不存在损害其交换利益的风险。当医患之间进行具体的资源交换时，通过治疗记录的公开、治疗方案和诊断结果的说明、医学术语的通俗化表述等多种方式，医方可以提升交换资源的透明度，增强患方对所需资源的认识和理解，有利于患方由此判断资源交换过程的风险。但是，与交换资源有关的公开信息性质、各类交换对象对交换资源的需求和认知差异，均可能影响交换资源透明度的作用。

　　随着交换资源透明度的变化，医患双方通过协商交换进行互动，有助于交换风险的排除。在以患方为中心的医疗服务政策中，医方参考患方的意愿、偏好、对医疗信息的反馈意见而调整医疗方案，患方获取医方各类医疗行为意义和治疗结果信息等，共同商讨与选择医疗方案成为患方卷入医疗过程的主要现象，双方由此调整自己的判断以应对协商策略选择，有助于资源交换过程的风险排除与信任建立。

　　利用人情或关系资源协助医患资源的协商交换过程，交换主体之间具有一定的情感成分，有利于了解型信任的形成，进而强化医方恰当选择医疗措施和患方遵从医嘱的行为，加之人情或关系资源属于互惠交换，交换主体一般无法通过单次交换计算利益和回报，持续性的资源互动必然需要交换主体相信彼此不会损害对方的利益。医患之间的协商互动普遍缺乏情感成分且停留于单次资源交换过程，医方若针对交换结果不确定性所引发的后果预先提供一定的医疗资源，可以同样产生持续性的资源交换效果，也由此证明自己值得被信任。

参考文献

程婕婷，2017，《医患互动中的资源交换风险与信任》，载《中国社会心理学评论》第 13 辑，社会科学文献出版社，2017，第 93～99 页。

吕小康、张慧娟，2017，《医患社会心态测量的路径、维度与指标》，《南京师大学报》（社会科学版）第 2 期，第 104～111 页。

吕小康、朱振达，2016，《医患社会心态建设的社会心理学视角》，《南京师大学报》（社会科学版）第 2 期，第 110～116 页。

汪新建、王丛，2016，《医患信任关系的特征、现状与研究展望》，《南京师大学报》（社会科学版）第 2 期，第 102～109 页。

汪新建、王丛、吕小康，2016，《人际医患信任的概念内涵、正向演变与影响因素》，《心理科学》第 5 期，第 1093～1097 页。

汪新建、王骥，2017，《媒体中的医方形象及其对医患信任的影响》，《南京师大学报》（社会科学版）第 2 期，第 99～104 页。

王丹旸、朱冬青，2015，《医患沟通障碍的心理解析：信息交换视角》，《心理科学进展》第 12 期，第 2129～2141 页。

卫生部统计信息中心，2010，《中国医患关系调查研究：第四次国家卫生服务调查专题研究报告 2》，北京：中国协和医科大学出版社。

于文轩，2013，《政府透明度与政治信任：基于 2011 中国城市服务型政府调查的分析》，《中国行政管理》第 2 期，第 110～115 页。

Bastiaens, H., Van Royen, P., Pavlic, D. R., Raposo, V., & Baker, R. (2007). Older people's preferences for involvement in their own care: A qualitative study in primary health care in 11 European countries. *Patient Education and Counseling*, 68 (1), 33 – 42.

Berwick, D. M. (2009). What 'Patient-centered' should mean: Confessions of an extremist. *Health Affairs*, 28 (4), 555 – 565.

Blendon, R. J., Benson, J. M., & Hero, J. O. (2014). Public trust in physicians — U. S. medicine in international perspective. *The New England Journal of Medicine*, 371 (17), 1570 – 1572.

Boudioni, M., & McLaren, S. (2013). Challenges and facilitators for patient and public involvement in England: Focus groups with senior nurse. *Open Journal of Nursing*, 3, 472 – 480.

Brody, H. (1989). Transparency: Informed consent in primary care. *Hastings Center Report*, 19 (5), 5 – 9.

Couet, N., Desroches, S., Robitaille, H., Vaillancourt, H., Leblanc, A., Turcotte, S., et al. (2015). Assessments of the extent to which health-care providers involve patients in decision making: A systematic review of studies using the OPTION instrument. *Health Expectations*, 18 (4), 542 – 561.

Delbanco, T. L., Walker, J., Bell, S. K., Darer, J. D., Elmore, J. G., Farag, N., et al. (2012). Inviting patients to read their doctors' notes: A quasi-experimental study and a look ahead. *Annals of Internal Medicine*, 157 (7), 461 – 470.

Dhawale, T., Steuten, L. M., & Deeg, H. J. (2017). Uncertainty of physicians and patients in medical decision making. *Biology of Blood and Marrow Transplantation*, 23, 865 – 869.

Ekdahl, A., Andersson, L., & Friedrichsen, M. (2010). "They do what they think is the best for me." Frail elderly patients' preferences for participation in their care during hospitalization. *Patient Education and Counseling*, 80 (2), 233 – 240.

Epstein, E. G., & Wolfe, K. (2016). A preliminary evaluation of trust and shared decision making among intensive care patients' family members. *Applied Nursing Research*, 32, 286 – 288.

Fowler, F. J., Gerstein, B. S., & Barry, M. J. (2013). How patient centered are medical decisions? Results of a national survey. *JAMA Internal Medicine*, 173 (13), 1215 – 1221.

Grimmelikhuijsen, S. G., & Meijer, A. J. (2014). The effects of transparency on the perceived trustworthiness of a government organization: Evidence from an online experiment. *Journal of Public Administration Theory and Research*, 24 (1), 137 – 157.

Heald, D. (2006). Transparency as an instrumental value. In: C. Hood, & D. Heald, (Eds.), *Transparency: The Key to Better Governance?* (pp. 23 – 45). Oxford: Oxford University Press.

Holwerda, N., Sanderman, R., Pool, G., Hinnen, C., Langendijk, J. A., Bemelman, W. A., Hagedoorna, M., & Sprangers, M. A. G. (2013). Do patients trust their physician? The role of attachment style in the patient-physician relationship within one year after a cancer diagnosis. *Acta Oncologica*, 52 (1), 110 – 117.

Institute for Patient and Family Centered Care. (2015). Advancing the practice of patien-tandfamily-centered care in hospitals. Bethesda, MD: IPFCC (Accessed January, 2016 at www. ipfcc. org).

Involve. (2005). *People and Participation: How to Put Citizens at the Heart of Decision-making*. Beacon Press.

Lewick, R. , & Bunker, B. B. (1996). Developing and maintaining trust in workrelation-ships. In R. M. Kramer, & T. R. Tyler (Eds.), *Trust in Organizations: Frontiers of Theory and Research* (pp. 114 – 139). Thousand Oaks, CA: Sage.

Licht, J. D. (2014). Policy area as a potential moderator of transparency effects: An experiment. *Public Administration Review*, 74 (3), 361 – 371.

Locatelli, S. M. , Hill, J. N. , Talbot, M. E. , Schectman, G. , & Lavela, S. L. (2014). Relational continuity or rapid accessibility in primary care? A mixed-methods study of veteran preferences. *Quality Management in Health Care*, 23 (2), 76 – 85.

McAllister, D. J. (1995). Affect-and cognition-based trust as foundations for interpersonal cooperation in organizations. *Academy of Management Journal*, 38 (1), 24 – 59.

O'Neill, O. (2006). Transparency and the ethics of communication. In C. Hood, & D. Heald, (Eds.), *Transparency: The Key to Better Governance?* (pp. 75 – 90). Oxford: Oxford University Press.

Ozawa, S. , & Sripad, P. (2013). How do you measure trust in the health system? A systematic review of the literature. *Social Science & Medicine*, 91, 10 – 14.

Politi, M. C. , Clark, M. A. , Ombao, H. , Dizon, D. S. , & Elwyn, G. (2011). Communicating uncertainty can lead to less decision satisfaction: a necessary cost of involving patients in shared decision making? *Health Expectations*, 14 (1), 84 – 91.

Politi, M. C. , & Legare, F. (2010). Physicians' reactions to uncertainty in the context of shared decision making. *Patient Education and Counseling*, 80 (2), 155 – 157.

Ripken, S. K. (2006). The dangers and drawbacks of the disclosure antidote: toward a moresubstantive approach to securities regulation. *Baylor Law Review*, 58, 139 – 204.

Robins, L. , Witteborn, S. , Miner, L. , Mauksch, L. B. , Edwards, K. , & Brock, D. M. (2011). Identifying transparency in physician communication. *Patient Education and Counseling*, 83 (1), 73 – 79.

Schapira, M. M. , Nattinger, A. B. , & Mchorney, C. A. (2001). Frequency or probability? A qualitative study of risk communication formats used in health care. *Medical Decision Making*, 21 (6), 459 – 467.

Silverman, J. , Kurtz, S. , & Draper, J. (2005). *Skills for Communicating with Patients* (2nd). Oxford: Radcliffe Publishing.

Stiggelbout, A. M. , Der Weijden, T. V. , De Wit, M. P. , Frosch, D. L. , Legare, F. , Montori, V. M. , et al. (2012). Shared decision making: really putting patients at the centre of healthcare. BMJ, 344 (e256).

Street, R. L. , Elwyn, G. , & Epstein, R. M. (2012). Patient preferences and healthcare outcomes: An ecological perspective. *Expert Review of Pharmacoeconomics & Outcomes Research*, 12 (2), 167 – 180.

Street, R. L., Makoul, G., Arora, N. K., & Epstein, R. M. (2009). How does communication heal? Pathways linking clinician-patient communication to health outcomes. *Patient Education and Counseling*, 74 (3), 295 – 301.

Tak, H. J., Ruhnke, G. W., & Meltzer, D. O. (2013). Association of patient preferences for participation in decision making with length of stay and costs among hospitalized patients. *JAMA Internal Medicine*, 173 (13), 1195 – 1205.

Wachterman, M., Marcantonio, E. R., Davis, R. B., Cohen, R., Waikar, S. S., Phillips, R. S., & Mccarthy, E. P. (2013). Relationship between the prognostic expectations of seriously Ill patients undergoing hemodialysis and their nephrologists. *JAMA Internal Medicine*, 173 (13), 1206 – 1214.

Walker, J., Darer, J. D., Elmore, J. G., & Delbanco, T. L. (2014). The road toward fully transparent medical records. *The New England Journal of Medicine*, 370 (1), 6 – 8.

Schaubroeck, J., Lam, S. S., & Peng, A. C. (2011). Cognition-based and affect-based trust as mediators of leader behavior influences on team performance. *Journal of Applied Psychology*, 96 (4), 863 – 871.

Tarrant, C., Dixonwoods, M., Colman, A. M., & Stokes, T. (2010). Continuity and trust in primary care: A qualitative study informed by game theory. *Annals of Family Medicine*, 8 (5), 440 – 446.

White, T. B. (2005). Consumer trust and advice acceptance: The moderating roles of enevolence, expertise, and negative emotions. *Journal of Consumer Psychology*, 15 (2), 141 – 148.

Williams, J. (2014). Potential benefits of relationship continuity in patient care. *British Journal of Nursing*, 23 (5), 22 – 25.

中国社会心理学评论　第 14 辑
第 52～62 页
© SSAP，2018

患者社会地位感知与对医信任：
差别性的影响因素[*]

朱艳丽^{**}

摘　要： 个体社会地位高低的认知与患者对医信任是否存在某种关系？又受到何种因素的影响？本研究选取 300 名过去一年内自己或家属曾有就诊经历的被试，启动其社会地位感知后考察对医信任的水平。结果显示，社会地位感知与患方对医信任不存在相关关系。相关分析和回归分析显示，家庭年收入对高社会地位感知组患方的对医信任有显著的正向影响（$\beta = 0.18$，$p < 0.05$），能够有效解释高地位感知组对医信任得分变异的 3%。差异检验结果显示，低地位感知组患方信任具有显著的性别差异，男生显著高于女生 $[t(1, 158) = 2.21, p < 0.05]$。研究结论：社会地位感知与患方对医信任不存在相关关系，高低社会感知组对医信任的影响因素是有差别的：高地位感知组对医信任的影响因素是家庭经济收入，低社会感知组对医信任的影响因素是性别。

关键词： 医患信任　社会地位感知关系认知　家庭经济收入　性别

----

*　本研究得到教育部哲学社会科学研究重大课题攻关项目（15JZD030）和河南省软科学研究一般项目（142400411184）的资助。

**　朱艳丽，女，郑州大学教育学院心理学系讲师。

一　前言

特质认知和关系认知是角色认知中影响人际信任的两个重要因素（王沛等，2016）。在强调人际关系因素重要性的中国社会，对关系差异的认知判断影响着人际交往中信任的建立，甚至会先于个体的特质因素被认知（吴继霞、黄希庭，2012；杨中芳、彭泗清，1999；Han & Choi，2011）。我国医患间的"关系信任取向"明显（汪新建、王丛，2016），例如有研究通过问卷调查发现，患者选择医院和医生的方式表现为关系取向，86.6%的医生接受并希望"关系就医"（屈英和，2010）。

从横向上看人际关系，中国人的社会关系，正如费孝通先生提出的，是一种以"己"为中心，以血缘为纽带的"差序格局"（费孝通，1985）。一些研究证明，中国人的人际信任同样呈现亲疏有别的差序化，依据关系的亲疏信任水平依次为：家人—熟人—陌生人（韩振华，2010；张建新、张妙清、梁觉，2000；Niu & Xin，2012）。有研究运用访谈法考察乡村中的医患关系发现，"差序格局"使乡村医生与村民之间的情感纽带更加牢固，使乡村医生在得到村民信任的同时，也因得到村干部的认可而留任（董屹等，2014）。从纵向上看人际关系，阶层关系作为一个重要的关系模式更深刻地影响着中国人的人际交往（刘嘉庆等，2005）。阶层高低的认知影响医患间信任，例如有研究基于社会阶层分化视角进行分析，认为医患信息行为对医患关系产生影响，患者作为医疗信息掌握的弱势群体，其对从医方获得信息的依赖将长期存在（罗集、高杰，2013）。社会地位高低与医患信任是否存在某种关系？又受到何种因素的影响？因此，本研究考察患者的阶层地位认知对医患人际信任是否有影响以及影响因素。

目前关于社会阶层地位的研究主要有客观社会阶层（objective social class）与主观社会阶层（subjective social class）两个角度。客观社会地位和主观感知的社会地位差异导致个体的不同社会阶层地位认知，处于同一社会阶层中的人们倾向于形成相对稳定的认知，进而影响其感知自我、他人和社会的方式（Kraus，Piff，Mendoza-Denton et al.，2012）。客观阶层是在群体层面静态地描述个体所处的稳定位置，而社会地位感知则是在个体层面理解个体对自己阶层地位情境性的感知。地位感知（status perception）被定义为个体对自己在其参照系中所处地位等级的信念与感知，地位感知与客观地位有一定相关性，但并不必然具有一致性（Davis，1956）。Adler等人认为，社会分层既可以通过社会指标，如收入、教育程度等进行客观评价，同时也可以通过自我认定进行主观评价（Adler, Castellazzo, & Ick-ovics，2000）。当然，个体的地位感知容易受到其所处具体情境的影响而具有不稳定性，比较容易在日常生活中被具体的事件诱发而发生变化。已有研究发现操纵被试的能力感知可以有效操纵他们的地位感知（Bhatta-charya，2012；Ridgeway & Diekema，1989）。本研究操纵患者被试的地位感知，启动自己所处高低社会地位的感知，考察是否对其的对医信任水平产生影响以及影响因素。

二　方法

（一）被试

以郑州某高校思想政治理论课程 2 个班级的学生为被试，选取过去一年内自己或家属曾有就诊经历的被试 300 名，回收有效问卷 293 份，有效回收率为 97.67%。其中，被试的平均年龄为 21.41 ± 0.84 岁；男性有 64 人，女性有 229 人；来自城市的有 102 人，来自农村的有 191 人。

（二）工具

1. 社会地位感知的启动和操控

结合"情景操控"和"回忆任务"（Acikalin, Gul, & Develioglu, 2009；Lammers, Galinsky, & Gordijn, 2008；Magee, Galinsky, & Gruenfeld, 2007；Rocker & Galinsky, 2008）两种方法来启动被试的地位感知。

对于激发低社会地位感知的被试，做如下引导：

（1）假设你是某市下属县城的普通市民，因生病去市属医院看病，医生态度冷淡，简单、匆忙询问和诊断病情，给出你觉得不太理想的治疗方案，并且你认为医生有时间和精力进一步提升医疗服务，这让你感到很没有社会地位。请描述当时的感受，并解释可能的原因是什么。

（2）在日常生活中，还有一些类似的使你感到没有社会地位的经历，比如参加论文答辩、找工作、参加面试、被领导责备、作为参赛者参加选拔被权威人物评价等。请回忆一下你的一次经历、一次让你感到没有社会地位的经历，即你被他人掌控，或者被控制能否得到想要的东西。请你描述当时的情景，在这一事情中具体发生了什么，你当时的感受如何。

对于激发高社会地位感知的被试，做如下引导：

（1）假设你是某市的医疗部门领导，因生病去市属医院看病，医生对你态度温和、细心周到、详细询问，针对你的病情给出十分理想的治疗方案，这让你感到很有社会地位。请描述当时的感受，并解释可能的原因是什么。

（2）日常生活中还有类似的经历，比如作为裁判掌控比赛、带领别人完成任务、作为监督人员对工作人员进行评价等，请回忆一下你的一次经历，在这一次经历中，相对于别人，你具有较高的社会地位，即你能够掌控他人，或者能控制他人想要得到的东西。请描述你所经历过的具有社会地位的任一事情，在这一事情中具体发生了什么，你当时的感受如何。

2. 社会地位感知量表

对启动结果进行验证，采用 Adler 等人（2000）编制的主观社会地位量表。测量时，给被试呈现一个 10 级梯子，它代表了具有不同收入水平、教育程度和职业声望的人所处的社会地位，然后让被试判断自己在社会和当地社区中所处的地位。在本研究中，要求被试在完成社会地位感知启动实验以后在梯子上划一个"×"标出自己此刻感受到的自己在梯子上所处的位置。其中，梯子的最高层代表处在最高的社会地位，梯子的最底层代表处在最低的社会地位（Adler et al., 2000; Piff, Kraus, Cote et al, 2010）。

3. 患者对医信任问卷

所有被试完成社会地位感知启动实验后，对下列场景进行主观评定。场景如下：

假设你是一名慢性疾病患者（该类疾病的特点是：病程长、治疗效果缓慢），虽然主治医师一直进行治疗但效果不太理想。现在他又向你推荐一种全新的、国内少见的治疗药物，价格昂贵，声称对你的疾病很有帮助，请选择你对主治医师的接纳和信任程度。

该场景采用李克特 7 点计分法，要求被试依据情景描述和自身看法从 1 "完全不信任"到 7 "完全信任"区间选择符合自身的结果。

（三）统计方法

使用 SPSS21.0 统计软件，采用相关分析、回归分析和独立样本 t 检验来分析。

三　结果

（一）社会地位感知启动效应检验

社会地位感知启动效应检验结果见表 1。

表 1　社会地位感知启动效应检验

	N	M	SD	t
高社会地位感知	130	4.73	1.80	2.77 *
低社会地位感知	163	4.18	1.57	

* 在 0.01 水平（双侧）上显著。

结果显示，高社会地位感知的社会地位要显著高于低社会地位所感知的社会地位 $[t (1, 292) = 2.77, p < 0.01]$，表明社会地位感知启动操作有效。

（二）社会地位感知与患方对医信任的关系

社会地位感知与患方对医信任的相关分析结果见表 2。

表 2　社会地位感知与患方对医信任的相关分析 （r）

	M	SD	社会地位感知	患方信任
社会地位感知	4.43	1.70		0.06
对医信任	3.80	1.16	0.06	

患方社会地位感知和对医信任相关关系研究结果表明，社会地位感知和患方对医信任不存在显著相关关系。我们下一步分别从高社会地位感知组和低社会地位感知组出发，探究哪些因素可能影响对医信任。

（三）社会地位感知分组对医信任得分差异性分析

独立样本 t 检验的结果显示对医信任得分的地位感知分组差异不显著

（详见表3）。下一步我们分别从高社会地位感知组和低社会地位感知组出发，探究哪些人口学因素可能影响对医信任。

表3　不同社会地位感知启动组的对医信任得分差异分析

	N	M	SD	t
高社会地位感知	127	3.70	1.13	-1.36
低社会地位感知	160	3.90	1.18	

（四）　高社会地位感知组对医信任影响因素的分析

相关分析结果显示，家庭年收入与患方对医信任显著相关（$r = 0.18$，$p < 0.05$）。进一步进行回归分析，家庭年收入对患方信任得分有显著的正向影响（$\beta = 0.20$，$p < 0.05$），家庭年收入能够有效解释高社会地位感知组对医信任得分变异的3%，结果见表4。

表4　家庭年收入和患方对医信任的回归分析

	患方信任得分		
	B（SE）	β	R^2
家庭年收入	0.15（0.07）	0.18	0.03*

注：* 在0.01水平（双侧）上显著。

（五）　低社会地位感知组对医信任影响因素的分析

差异检验结果显示，低社会地位感知组的对医信任具有显著的性别差异，男性的对医信任得分显著高于女性 [$t_{(1, 258)} = 2.21$，$p < 0.05$]，家庭来源和家庭年收入差异不显著，结果见表5。

表5　低社会地位感知组患方对医信任影响因素的分析

	N	M	SD	
性别				$t = 2.21$*
男	31	4.32	1.10	
女	128	3.81	1.16	
家庭来源				$t = -0.44$
城市	59	3.86	1.22	
农村	99	3.95	1.16	

续表

	N	M	SD	
家庭年收入				F = 1.08
0 ~ 1 万元	42	4.05	1.08	
1 万 ~ 3 万元	41	3.98	1.15	
3 万 ~ 5 万元	31	3.55	1.02	
5 万 ~ 10 万元	20	4.05	1.23	
10 万元以上	23	4.09	1.50	

＊在 0.01 水平（双侧）上显著。

四　讨论

（一）社会地位感知与患方对医信任不存在相关关系

本研究中相关分析和差异检验的结果都证明，有效地启动患者高低社会地位感知后，不同组对医信任没有显著差异，作为总体的社会地位感知与对医信任不存在相关关系。本研究的结果是社会地位感知与患方对医信任不存在相关关系，探究其原因，可以从以下三点来解释。首先，医患信任是一种特殊的信任，双方的信任是建立在可能对生命与健康带来风险的基础上的。而宽泛意义上的信任行为是指个体对他人未来不确定行为的良好预期和积极期望而甘愿承受由此带来的风险，从主观上促进了交易的顺利进行，最终保证了获益（Rotter，1967；Rousseau，Burt，Sit-kin，& Camerer，1998）。因此，对于风险和获益结果的不确定性造成人们在对医信任的过程中倾向于趋中和保守，无论社会地位高低，人们在有关身体健康方面的行为决策都会思虑再三并谨慎行之，造成信任结果不存在过于明显的差异。本研究中对医信任 7 点计分的问卷中，被试的选择以中间值居多，比较符合医患信任的这一特点。其次，医患信任具有人际－群际信任的双重特点。个体和群体属于不同类型的认知主体，在具体的行为表现上存在差异，这也是信任研究的热点（辛自强、高芳芳、张梅，2013）。但具体到医患间信任，当患者面对医生的时候，既受到社会媒体、大众、环境中他人等群体的已有信任经验的影响，又受到就医环境、医患个人特点、信息沟通方式等的影响，因而人际－群际信任的特征交互影响。群体层面的外群体刻板印象及内群体偏好等认知特点，以及个体层面的角色认知和互动模式等行为特征都会对医患双方的信任结果产生影响。最后，医患信任在一定关系中产生，关系双方及其背景特点影响信任的建立。尤其在中国现实中，医患间存在互惠交换过程辅助协商交换的形式，以人情作为交换客体，起到约束医患双方行为的作用，并促进彼此间的信任建立（程婕婷，2017）。医患双方的横向关系特点、就医医院的背景条件、医患双方的协商约束方式与特点等的差异都会造成信任的不同。本研究启动被试的社会地位感知是个体层面的动态的对自身地位的认知，研究中信任的测量是主观评定式，结果可能会受到已有上述差异性特征的影响，最终造成由于医患关系的风险性认知影响的权重高于其他因素的影响而使被试选择趋于谨慎的居中。

（二）　高社会地位感知组对医信任的影响因素：家庭经济收入

研究中的相关分析和回归分析结果显示，家庭年收入与高社会地位感知组对医信任显著相关（$r = 0.18$，$p < 0.05$），家庭年收入对患方信任有显著的正向影响（$\beta = 0.20$，$p < 0.05$），能够有效解释高社会地位感知组对医信任得分变异的 4%。家庭经济收入是客观社会阶层地位的测量指标，研究结果说明，客观社会地位和主观社会地位都高的个体有更高的对医信任水平，而客观社会地位相对较低但主观社会地位高的个体对医信任水平相对较低。高社会地位者拥有较多的物质资源，并感知到较高的社会地位，自我控制感较高，对威胁的敏感性较低（Gallo, Bogart, Vranceanu, & Matthews, 2005；Kraus, Horberg, Goetz, & Keltner, 2011）。其表现在人际关系中的唯我主义认知倾向导致偏好交换的关系策略，更多关心社会交换中的付出和收益（Amato & Previti, 2003；Kraus & Keltner, 2009），因而，当患者的主客观社会地位都较高，拥有更多的社会资源时，就会自信地认为自己的社会资源会有足够的收益，虽然是患者但不再是医疗信息掌握的弱势群体，对从医方获得信息的依赖性大大降低，对可能的威胁敏感性也随之降低，显示出足够高的对医信任水平。

同时，社会阶层的很多研究主张对主客观社会地位的指标同时考察，本研究在此意义上证明了该主张应用于该领域的适用性。

（三）　低社会地位感知组对医信任的影响因素：性别

差异检验结果显示，低社会地位感知组对医信任具有显著的性别差异，男性显著高于女性 [t (1，258) = 2.21，$p < 0.05$]。结合已有研究结论，本研究结果说明低社会地位感知者中的女性更明显地具有低社会阶层者的认知特点，即感知到较低的社会地位，自我控制感较低，对威胁的敏感性较高。其表现在人际关系中的互依主义认知倾向导致偏好对事件进行情境归因，因而，当患者的社会地位感知较低，拥有更少的社会资源时，作为医疗信息掌握的弱势群体对从医方获得信息的依赖性较强，对可能的威胁敏感性较高，显示较低的对医信任水平。关于这方面的研究目前较少，未来可以设计更完整的研究进行考察。

参考文献

程婕婷，2017，《医患互动中的资源交换风险与信任》，载《中国社会心理学评论》第 13 辑，第 93 ~ 99 页。

董屹、吕兆丰、王晓燕、彭迎春、杨佳、刘扬、刘一、马晓、周慧姊，2014，《村落人际关系与 "差序格局" 中的医患信任——基于北京市 H 区的实地研究》，《中国医学伦理学》第 1 期，第 141 ~ 143 页。

费孝通，1985，《乡土中国》，上海：上海人民出版社。

韩振华，2010，《人际信任的影响因素及其机制研究》，博士学位论文，南开大学。

刘嘉庆、区永东、吕晓薇、蒋毅，2005，《华人人际关系的概念化——针对中国香港地区大学生的实证研究》，《心理学报》第 1 期，第 122 ~ 135 页。

罗集、高杰，2013，《社会阶层分化视角下医患信息行为对医患关系的影响》，《医学社会学》第 6 期，第 45 ~ 47 页。

屈英和，2010，《 "关系就医" 取向下医患互动关系研究》，博士学位论文，吉林大学。

汪新建、王丛，2016，《医患信任关系的特征、现状与展望》，《南京师大学报》（社会科学版）第 2 期，第 102 ~ 109 页。

王沛、梁雅君、李宇、刘雍鹤，2016，《特质认知和关系认知对人际信任的影响》，《心理科学进展》第 5 期，第 815 ~ 823 页。

吴继霞、黄希庭，2012，《诚信结构初探》，《心理学报》第 3 期，第 354 ~ 368 页。

辛自强、高芳芳、张梅，2013，《人际—群际信任的差异：测量与影响因素》，《上海师范大学学报》（哲学社会科学版）第 1 期，第 76 ~ 82 页。

杨中芳、彭泗清，1999，《中国人人际信任的概念化：一个人际关系的观点》，《社会学研究》第 2 期，第 1 ~ 21 页。

张建新、张妙清、梁觉，2000，《殊化信任与泛化信任在人际信任行为路径模型中的作用》，《心理学报》第 3 期，第 311 ~ 316 页。

Acikalin, S., Gul, E., & Develioglu, K. (2009). Conspicuous consumption patterns of Turkish youth: Case of cellular phones. *Young Consumers*, 10 (3), 199 – 209.

Adler, N.E., Epel, E.S., Castellazzo, G., & Ickovics, J.R. (2000). Relationship of subjective and objective social status with psychological and physiological functioning: Preliminary data in healthy white women. *Health Psychology*, 19 (6), 586 – 592.

Amato, P. R., & Previti, D. (2003). People's reasons for divorcing gender, social class, the life course, and adjustment. *Journal of Family Issues*, 24 (5), 602 – 626.

Bhattacharya, S. (2012). How perception of status differences affects our decision making (Unpublished master's thesis). Rutgers University, Newark.

Davis, J. A. (1956). Status symbols and the measurement of status perception. *Sociometry*, 19 (3), 154 – 165.

Gallo, L. C., Bogart, L. M., Vranceanu, A. M., & Matthews, K. A. (2005). Socioeconomic status, resources, psychological experiences, and emotional responses: A test of the reserve capacity model. *Journal of Personality and Social Psychology*, 88 (2), 386 – 399.

Han, G., & Choi, S. (2011). Trust working in interpersonal relationships: A comparative cultural perspective with a focus on East Asian culture. *Comparative Sociology*, 10 (3), 380 – 412.

Jacqueline K. Eastman, Bill Fredenberger, David Campbell, & Stephen Calvert (1997). The relationship between status consumption and materialism: A cross-cultural comparison of chinese, mexican, and american students. *Journal of Marketing Theory and Practice*, 5 (1), 52 – 66.

Kraus, M. W., & Keltner, D. (2009). Signs of socioeconomic status: A thin-slicing approach. *Psychological Science*, 20 (1), 99 – 106.

Kraus, M. W., Horberg, E., Goetz, J. L., & Keltner, D. (2011). Social class rank, threat vigilance, and hostile reactivity. *Personality and Social Psychology Bulletin*, 37 (10), 1376 – 1388.

Kraus, M. W., Piff, P. K., Mendoza-Denton, R., Rheinschmidt, M. L., & Keltner, D. (2012). Social class, solipsism, and contextualism: How the rich are different from the poor. *Psychological Review*, 119 (3), 546 – 572.

Lammers, J., Galinsky, A. D., Gordijn, E. H., & Otten, S. (2008). Illegitimacy moderates the effects of power on approach. *Psychological Science*, 19 (6): 558 – 564.

Magee, J. C., Galinsky, A. D., & Gruenfeld, D. H. (2007). Power, propensity to negotiate, and moving first in competitive interactions. *Personality and Social Psychology Bulletin*, 33 (2): 200 – 212.

Niu, J., & Xin, Z. (2012). Trust discrimination tendency of trust circles in economic risk domain and culturaldifference between Canada and China. *Journal of Social, Evolutionary, and Cultural Psychology*, 6 (2), 233 – 252.

Piff, P. K., Kraus, M. W., Cote, S., Cheng, B. H., & Keltner, D. (2010). Having less, giving more: The influence of social class on prosocial behavior. *Journal of Personality and Social Psychology*, 99 (5), 771 – 784.

Ridgeway, C., & Diekema, D. (1989). Dominance and collective hierarchy formation in male and female task groups. *American Sociological Review*, 54 (1), 79 – 93.

Rocker, D. D., & Galinsky, A. D. (2008). Desire to acquire: Powerlessness and compensatory consumption. *Journal of Consumer Research*, 35 (2): 257 – 267.

Rotter, J. B. (1967). A new scale for the measurement of interpersonal trust. *Journal of Personality and Social Psychology*, 35: 651 – 665.

Rousseau, D. M., Burt, R. S., Sitkin, S. B., Camerer, C. (1998). Not so different after all: A cross-discipline view of trust. *Academy of Management Review*, 23: 393 – 404.

中国社会心理学评论　第 14 辑
第 63~73 页
© SSAP，2018

医患冲突情境下的竞争受害者心理及其对策[*]

艾　娟^{**}

摘　要：竞争受害者心理是指在群际冲突中群体双方都认为自身才是最大的、真正的受害者。在医患冲突情境中，医患双方努力建构自身成为真正受害者的心态得以彰显，双方聚焦各自受到的不同伤害内容、体验和事件，致力于建构最大受害者的身份。医生和患者各自建构起来的最大受害者身份具有一定的心理动因和社会功能。对患者而言，弱者心态可以博得他人同情、争取补偿等；对医生而言，受害者身份可以规避或减轻其责任、维护职业自尊等。医患双方的竞争受害者心理阻碍了医患冲突的和解。降低双方的受害者竞争水平需要加强医生和患者在生命意识层面上的群体认同，增加彼此之间更频繁、更深入、更积极的群际接触。

关键词：受害者心理　医患关系　医患冲突　群际接触

医患关系是当下热议的一个社会话题和学术主题。从现实层面上讲，医患双方作为两个不同的社会群体，其和谐关系的建构深刻影响着社会的稳定和发展。从学理层面上讲，在社会学、心理学、法学等学科独立或交叉融合的视角下，对于当下医患关系的状况和危机所展开的广泛探讨，多

---

　　* 本研究得到教育部哲学社会科学研究重大课题攻关项目（15JZD030）和中央高校基本科研业务费专项资金资助项目（63172055）的资助。
　　** 艾娟，女，天津商业大学法学院心理学系副教授。

聚焦于医患关系危机为什么会出现、医患纠纷为什么升级，以及如何增进医患关系等关键问题。其中，社会心理学领域尤为关注医患关系危机的起因。已有研究者们尝试从医患社会心态的建构入手，通过解释人际心态、群际心态与文化心态三个层面的相互作用，来勾勒出医患社会心态形成机制的清晰影像（吕小康、朱振达，2016）；尝试从社会信任欠缺、医患关系异化等大的社会背景出发，探讨医患双方形成的消极群际刻板印象以及由群体认同的错位而导致的医患关系危机（柴民权、王骥，2016）；尝试探析社会职业道德的缺失、职业医闹等对加剧医患纠纷所起到的推波助澜作用（常健、殷向杰，2014）。但深究医患关系的危机，医患双方冲突不断发生甚至升级的内在心理动力仍然是被较少关注和探讨的问题。基于此，从群体心理的角度继续探查医患冲突的心理动力遂成为本文的重点。

一　竞争受害者心理的界定与焦点

医患关系危机的存在给予社会最直观的、最严重的影响就是频发的医患纠纷或者医患冲突，而且这种医患纠纷或者冲突又多以民众所认为的"医疗事故"为导火索。在新闻媒体日益发展的今天，医患冲突事件往往会被第一时间报道出来，并以铺天盖地之势、迅雷不及掩耳之速传递给社会公众，舆论混杂，似乎始终都在提醒着社会公众：医患冲突无时无刻不在，个体需要站在相应的群体视角下来看待这些冲突及其可能给自身带来的影响。

医患冲突作为群体冲突的一种形式，我们的视角所聚焦的是群体冲突后双方的心理建构，而这种建构过程始终围绕着一个核心问题，即冲突中普遍存在的焦点争论——谁是受害者以及谁将承担责任的问题。受害者心理的形成以及对受害者身份的建构则成为解决上述问题的关键。近年来的研究发现，长期性的群际冲突（主要指暴力冲突）情境中，群体双方的受害者心理建构出现了一个非常有意思的现象，即参与冲突的群体双方都认为自己比对方受到了更多、更严重的伤害，并不遗余力地将自身建构成为冲突中真正的、最大的受害者。研究者们将群际冲突中呈现的这种群体双方不遗余力建构自身成为最大受害者的心理称为群际受害者竞争心理（Intergroup Competitive Victimhood，ICV）（Noor，Brown，& Prentice，2008a；Noor，Brown，& Prentice，2008b；Noor，Shnabel，Halabi，& Nadler，2012）。应该说，群际受害者竞争心理是群体冲突中普遍存在的一种心理倾向，在长期不可调和的冲突群体之间、存在制度性不平等的群体之间、敌对摩擦的群体之间以及同是弱势或者受伤害的群体之间，都可以发现双方争夺和建构最大受害者身份的现象（Young & Sullivan，2016）。

毫无例外，医患冲突本身也会出现竞争受害者的现象，医患双方也在不断发生的医患冲突中建构自身成为真正的、最大的受害者，并遵循着受害者身份建构的心理规律，有策略地聚焦于某些伤害来建构且宣称自己就是真正的、最大的受害者。比如，群体之间在受害者身份建构和争夺的过程中会聚焦于不同的受害后果。身体的伤害（甚至是生命的丧失）、物质资源的匮乏或者不公平分配、心理痛苦或者精神创伤、群体威胁与剥夺感、尊严和形象的损害等都可能成为群体建构最大受害者角色的关注点（Bilali，Tropp，& Dasgupta，2012；Noor et al.，2012）。在不同的群体冲突情境中，建构自身的受害者形象需要根据冲突的性质以及群体地位等来采取相应的策略，伤害后果明显、地位低下或者群体资源占有率少等的群体往往会注重强调身体、物质、资源等客观方面显而易见的损失，而客观伤害后果不明显的另一方群体则可能更多地强调对方给自身造成的心理痛苦、尊严丧失或者群体形象认同的损害。以上种种情况在医患双方建构受害者身份的过程中也颇为常见：患者往往是身体痛苦的承担者，所以往往强调医方诊疗过失的伤害性、诊疗行为的不恰当性、诊疗资源的不平等性等；而医生群体则主要强调患方的侵犯行为（言语和身体等伤害行为）给其职业生涯造成的压力和焦虑，以及冲突过激行为对其人格和职业形象的侮辱。

另外，外群体对冲突的处理方式也是内群体建构最大受害者身份的重要来源。也就是说，当群体成员受到伤害后，外群体是否能够及时地做出真诚的道歉、是否能够及时地采取措施弥补和应对这些伤害、受害成员的需求是否得到了对方足够的重视、是否得到了更多的物质赔偿或精神抚慰等方面也是双方建构群体受害者身份所考虑的（Noor et al.，2008a，2008b）。比如，群体冲突之后的道歉是一种群际关系的有效润滑剂，也是冲突发生后被多数群体采用的一种处理方式。道歉本身不但可以引发受害群体的积极情感效应，降低受害群体的愤怒水平，还可以增加对侵犯群体的满意感（Philpot & Hornsey，2008），还受害群体以公正，重建其尊严（Thompson，2008）。道歉对安抚受害者情绪，坦诚接受责任以及促进关系和谐起到积极的作用。在医患冲突中，患者更强调和看重医生（或者是医院）如何处理医疗事故和医疗冲突，比如医生的态度、行为，甚至是诊疗的补偿以及经济的补偿；而医生则更为关注冲突发生之后，患者是否理性、合法地解决冲突。双方应对医患冲突的态度和行为方式不当会强化彼此的受害体验。

最后，竞争受害者心理还来源于群体双方在资源和权利等方面的比较和参照。就医患双方而言，虽然冲突对彼此都造成了一定的伤害和困扰，但如果与对方群体相比，自己在某些权益、利益或者资源方面产生了更强烈的被剥夺感，就会形成由比较而来的相对剥夺感（郭星华，2001）。伴随剥夺感的形成而产生的就是对外群体的不满意感和敌对态度，会让个体体验到更多的丧失感和不公平感。而且这种剥夺感也会进一步影响群体行为，相对剥夺的个体比相对满意的个体更有可能频繁地参与集群行为（张书维、王二平、周洁，2010）。医生和患者同为医疗资源的共享者，但在患者看来，因为医生拥有更多的机会接触到医疗资源，包括挂号、专家、药物等，而自己因为不容易获得相应的医疗资源则处于劣势位置。相反，医方在医患冲突中则认为自身处于人身、财物等安全防范的弱势，患方人多势众、侵犯行为不可预测等使这份职业的危险系数增加。群体双方对自身受害者身份的建构往往会因为彼此之间资源或权利等不均衡造成的相对剥夺感而得到强化。

在群际互动的过程中，冲突造成的客观伤害、主观体验、对伤害的处理方式以及参照对方而形成的剥夺感、不公平感等都是医患双方建构自身成为真正的、最大的受害者身份的焦点。医疗冲突的解决过程中，必定会伴随出现对各自伤害的主观认知，伴随出现双方对冲突事件的处理方式，医生和患者也必然会产生参照彼此而产生的种种内心体验，而这些都成为双方声称自己为受害者的强劲依据。

二 医患双方受害者身份的心理建构

上面探讨了医患冲突中，医患双方努力建构各自的最大受害者身份所关注的焦点，即哪些方面的损失或者伤害可能会导致群体体验到比对方更强烈的受害感。但同样令人感兴趣的是，在医患冲突中，为什么医方和患方都声称自己是最大的、真正的受害者呢？这种为自身贴上受害者标签的心理原因何在？他们又是如何建构起自身的受害者身份的呢？

建构最大受害者的心理动力首先是群体受害感的存在。确切地说，群体受害感就是群体对群体内个体或者多数成员所遭受到的伤害的感知，从而泛化至整个群体受害者身份的感知，伤害是产生受害感的必需和首要条件。由前所述，群体成员会在人身财产、精神损失、形象危机等各方面来考量自身所受到的伤害程度，并产生一定的受害体验。在此基础上，群体会进一步参照对方而强调自己受到了更大、更多的伤害。群体受害感本质上讲是群体成员形成的关于自身是受害者的一种共享性知觉，它为群体提供了一种"受害者视角"，使群体有选择地建构冲突信息，从而减少自己在冲突中的责任，并能够获得外界的同情和支持（Halperin & Bar-Tal，2011）。因此，在医患冲突中，医疗行为的过失、看病后还不如看病前的身体状态、经济上的巨大花销、医生承诺的疗效并未出现、医生的态度冷漠和不认真等都可能使患者产生受害体验。更重要的是，即便这些伤害性的事件和受害体验并非亲身经历，但是作为内群体的其他成员也同样能够产生共鸣，从而建构这种受害感，建构起群体受害者身份（Rotella，Richeson，Chiao，& Bean，2013）。

建构最大受害者的心理动力还缘于对群际冲突责任的规避。虽然"自作自受"或者"可怜之人必有可恨之处"在解释伤害后果时可以将相当一部分责任推给当事人，但是，在认知习惯影响下，人们还是存在着这样一种看法，即受害者身份一旦确定，往往就会淡化其应该承担的责任，这在心理学中被称为"道德模式化倾向（moral typecasting）"的认知思维模式。也就是说，在人们的习惯性认知过程中，受害者与责任者很少被同时归属于一方群体，受害者必然受到更多的伤害，其承担的责任也较少。因此，要想受到较少的责备，就需要伪装成弱者。而医患双方都声称自身比对方受到更严重的伤害、都致力于建构受害者身份的做法也就不难理解了。群体对行为责任的归因往往会针对内群体或外群体中的一方，而不是在群际之间展开责任评价，群体双方都倾向于强调自身受害程度的严重性，而将冲突的责任更多地归属于外群体（Bilali，Tropp，& Dasgupta，2012）。调查也发现，在问及"如果疾病转归与自己的期望效果有差异，你认为是什么因素导致"时，42.5％的患者认为，这是医护人员责任心不强、粗心大意以致延误病情而导致的（尚鹤睿、黄桂佑，2008），而32.8％的医生则把主要责任完全推给了患者（肖凤等，2006）。不难看出，在责任的归属问题上，双方存在较为明显的认识分歧。

建构最大受害者的心理动力也是对重要医疗事件选择性记忆的结果。群体双方都存在对冲突事件感知的选择性倾向，对重要群际事件的记忆建构存在明显的不同（Bar-Tal，2007；Bar-Tal，Chernyak-Hai，Schori，& Gundar，2009），而那些重要的事件尤其是具有负性影响的冲突事件，则很容易成为群体构建自身最大受害者身份的素材。比如，对以患者为代表的社会公众群体来讲，魏泽西事件等经过媒体的报道后，成为公众非常关心的话题，舆论集中指向对医生群体的负面评价，这些事件以及评价为以当事患者为代表的社会公众体验受害感、建构受害者身份提供了事实基础。而对于医生群体来讲，发生在他们身上的伤害事件也自然成为关注的焦点，比如以广东省人民医院医生被患者尾随回家，身中多刀死亡为代表的一系列伤医事件广泛被医生群体关注和记忆，并进入医生群体建构受害者身份的框架。更重要的是，每个群体基于重要事件而不断建构起来的选择性记忆为个体和群体的认知、情感、行为提供了社会性的框架，使整个群体对冲突的了解和认知发生了偏差（艾娟，2016）。这种双方各自建立起来的社会性认知框架以及认知差异，会影响到对于医疗事件的处理态度和方式。若再发生医疗冲突事件，医患双方都会以此社会性框架为依据来解释和评价事件，医患双方都会激发相应的认知和情绪，不能够相互宽容，阻碍群际关系的和谐发展。

建构最大受害者身份还受到群体实际需要的驱使。群体双方都极为关注冲突会给自己带来什么额外的后果，比如冲突是否会使自身获得更多的经济赔偿、享有更多的资源、维护更好的群体形象等，群体双方产生的需要是不同的。有研究者指出，有些患者为了取得第三方援助、报复医疗机构和医务人员、引发社会的关注，从而希望医患冲突明显化（尚鹤睿、黄桂佑，2008）。女子怒斥号贩子的视频曝光后引发了社会的强烈反响，社会公众普遍产生了共鸣，讨伐声和怒斥声不断，其中最令人关心的利益问题、资源分配的不公平问题都一一暴露，并力求得到解决。而对医生来讲，直接的医患冲突中患者对医生人格的侮辱、职业形象的损坏、对医院财物的损害、对医生生命的威胁等也使他们体验到自己的弱者地位，恢复医生群体的职业形象和人格尊严遂成为医生申诉的重点。此外，医生群体也会对之前社会公众所形成的医生收受红包、过度诊疗、技能差、态度冷漠等印象倍感委屈，他们认为这些对医生形象直接或间接的损害都是对医生职业、医德医风的一种诋毁，是对医生形象的严重损害。

最后还要考虑到冲突事件本身引发的群体功能性反应，比如群体愤怒、悲伤、失望等情绪情感对双方建构受害者身份的重要推动作用。群体情绪是社会心理学解释集体行动的重要取向，尤其是当群体产生群体愤怒、恐惧和焦虑等情绪时，更容易引发有明确指向性的群体行为（陈浩、薛婷、乐国安，2012）。怨恨是医患冲突的情绪机制，由无助、比较、伤害以及价值失范引发的患者怨恨情绪成为当今医患关系缓和的重要阻碍（赵怀娟，2011）。在社会现实情境中，医患双方还存在超越医疗范围的受害者心态，这些对社会、群体以及个人的不满不断累积和发酵，最终以不理智的形式表现出来，众多社会因素的加入进一步促使医患双方建构受害者身份，阻碍和谐医患关系的建构。从医生的角度上讲，医生这份职业得不到应有的、与之辛苦劳动相匹配的物质回报和社会性评价，医生抱怨自己的工作时间长但工资水平较低，得不到患者甚至是全社会的尊重。调查发现，医务工作者的生存状况较为恶劣，遭受患者和患者家属不公平对待的情况较为常见（雷畅、张思远，2009）。而患者则认为，享有的医疗资源缺乏、医疗维权艰难、医疗制度和政策不公平等使自身处于弱势。因此，群际心理水平的受害者身份得以建构并在群体范围内得到认同，日后的群际冲突会自动引发这些受害者思维，抱怨、愤怒、报复行为等随之产生。

在此，需要特别指出，在医疗环境中，患者表现出的受害者心理要比医生更为明显。长期以来，在医患冲突的起因中更多是以医疗事故为主要表现形式，因此，在医患双方的冲突关系中，大家普遍认为患者才是唯一的、真正的受害者，医生则是唯一的、真正的责任人。对于患者来讲，因为自己是病痛的承担者，也是求助者，所以一旦医疗过程不顺利或者失败，就极容易习惯性地将自己定位为弱者和受害者。在社会现实中，大多数社会成员都对医疗领域存在种种质疑，层出不穷的医疗事件中，社会公众自然认为医生或者医院是站在自己的对立面上，比如过度医疗、科室承包等。当除了医生群体之外的所有社会成员形成受害者心理，就会在医疗过程中存在先入为主的负面影响，很多人即使并没有恶劣的医患冲突经历，但仍然会在医患关系的互动中认为医生会对其产生伤害，极大地破坏了对医生的信任感。

三　降低受害者竞争水平的对策

基于心理原因建构自身的受害者身份在一定程度上阻碍了群体双方对彼此的正确认识，阻碍和谐关系的建构。医生和患者都可能基于这样的考虑，即将自身贴上受害者的标签就可以作为处理冲突的一种有效的防御性方式，减轻责任，获得赔偿，博得外界的同情和支持。但他们可能忽视了群际受害者竞争心理也可能是有害的，群体受害感会影响群际信任（Ro-tella et al.，2013），在一定程度上还可能成为群际冲突行为（不良行为、伤害行为、报复行为等）合理化的理由，从而导致医患冲突循环发生甚至恶性升级，群际关系日益恶劣，社会稳定受到威胁。而且，群体的受害者身份一旦建构起来还具有群体传递效应，在医患产生矛盾时这种受害者身份认知就容易被激活，从而更加片面、狭隘地认识对方，激发消极情绪，增加不良冲突行为发生的频率，甚至可能使内群体更容易接受自己对外群体所实施的报复行为，降低由此可能产生的内疚感和责任感（Cehajic，Brown，& Castano，2008）。而这也得到了相关研究的印证：医务工作者的群体受害者身份感知对其集体内疚感有显著的影响作用。也就是说，如果激发医务工作者对自己的受害者身份进行感知，医务工作者更容易对伤害患者的行为表现出低水平的集体内疚（汪新建、柴民权、赵文珺，2016）。

那么，怎样才能降低医患双方的受害者竞争水平呢？

首先，提高共情，从更高的人性和生命层面上增强对彼此的认同，促使群体双方建立共同的身份认同可以有效提升群际宽恕水平（Noor et al.，2010）。关键的问题是，医生和患者需要建立怎样的共同身份。其一，建立共同的受害者身份。目前医患冲突事件频发的社会情境下，需要双方认同彼此在冲突中都是受害者。共同的受害者角色认同可以有效降低群体的自我防御水平，从而减少对自身所受伤害的强调（Shnabe，Halabi，& Noor，2013）。其二，建立共同的生命层次上的认同。其实，很少有人关注医患双方在生命层面上的一致性。当我们都能够理性地在人性、生命等层面上给予相互的认同时，就能够提高共情水平。医者仁心，没有一个医生不想医治疾病、挽救生命，同理，没有一个患者不想尽快恢复健康，所以，医患双方只有在更高的人性和生命层面上相互理解，才能更好地站在对方的角度上理性思考，从而提高自身对外群体的理解和认同。其三，进一步促使人们认识到，医生和患者的界限并非绝对清楚，并非相互排斥。尤其是对于医生来讲，在某些情况下也可能转化为患者或者成为患者的家属，所以，这种身份的双重性也是减少群际偏见，弱化群际区分的有效方式。

其次，增进直接的、高质量的医患接触。增强群际接触可以作为降低群际受害者竞争水平的干预策略之一（Noor et al.，2012）。对于医患群体来讲，频繁的、高质量的以及广泛的直接群际接触并非一定发生在医疗情境中，或者发生在医疗诊断过程中，还可以组织相应的活动促使双方在非医疗情境中进行直接的接触。高质量的群际接触可以使双方产生对彼此多样且积极的认识，增加相互之间的体谅，产生积极的情感和行为以及更多的包容（Cehajic et al.，2008）。在医疗领域的直接接触过程中，高质量的群际接触还需要双方具备更加灵活、深入的沟通技巧，需要医生代表能够尽量多地展现自身的职业特点和职业精神。

最后，进一步增加医患双方的间接接触，比如可以通过替代性接触、扩展接触等形式改善对彼此的偏见和态度。相比直接的群际接触，间接群际接触更适用于群体关系紧张的情境。替代性接触认为，对于没有或者很少有机会进行接触的外群体而言，可以通过展现两个群体间个体自然、顺利交往的过程来改善对外群体的态度。其中，替代性经验的习得、交往行为的模仿、自我交往效能感的提升起到积极的推动作用。日常生活中，可以通过媒体宣传或者电视剧、电影作品等形式加强社会公众对医疗领域的了解，包括医疗规章、制度与政策和医生职业的特点等。医疗纪录片《人间世》带来了社会轰动，纪实手法展现的是发生在医生、患者身边的真实故事，真实工作场景以及真实情感的暴露促进了社会对医生的深入了解。当然，也可以通过扩展接触方式来增进群体间的了解，改善彼此的态度。扩展接触理论认为，如果个体得知内群体成员与外群体成员之间具有亲密的友谊关系，则可以减少个体对外群体的偏见，改善个体对外群体的态度。与外群体成员发展友谊关系的内群体成员作为积极的内群榜样，为其他内群体成员发展群际友好关系提供了示范，群体成员会认为"我的朋友的朋友也是我的朋友"，从而将他人纳入自我范畴（Wright，Aron，& Mclaughlin，1997）。因此，我们可以利用当下比较流行的微博、微信朋友圈宣传自己的医生朋友及其积极医疗行为，促使更广大的公众在不具备直接接触条件的情况下，不必亲自接触医生群体就可以在一定程度上改善对医生群体的不良态度。可以说，扩展接触是一种减少群际偏见的有效且简捷的路径（Liebkind & Mcalister，1999）。值得注意的是，间接医患接触事件的展现必须是积极的、正能量的事件，切忌对负性接触事件的大肆宣传报道，因为负性事件的传递也可以通过间接接触的方式起到消极的传递效应，从而极大削弱正性事件的积极影响。

四 结语

从受害者心理的角度探查医患冲突的内在动力是目前从社会心理学角度揭示医患冲突层出不穷甚至恶性循环的一个独特视角，更加深刻地揭示了医患冲突不断发生甚至升级的心理动力，即医生和患者为什么要建构自身的受害者身份，以及是如何建构自身成为受害者的。受害者心理的探讨具有深刻的社会意义，它为了解和解决我国现实生活中的医患冲突事件提供了重要的可能性参考路径。但可惜的是，本文的探讨也只是尝试性地提供了一种理论性的分析，或者说，在社会现实干预层面上，降低医患双方受害心理水平的措施还是比较理想化的，其具体的干预措施仍需要一个更加可操作化的、系统化的规范。而且，医患冲突的解决还需要结合其他社会力量，需要社会制度、宏观政策等较大层面上的不断完善，需要全社会整体信任水平的提高，而这应该是一项长期且艰难的工作。

参考文献

艾娟，2016，《基于集体记忆的群际宽恕过程分析》，《西北师大学报》（社会科学版）第 2 期，第 114～118 页。

陈浩、薛婷、乐国安，2012，《工具理性、社会认同与群体愤怒——集体行动的社会心理学研究》，《心理科学进展》第 1 期，第 127～136 页。

柴民权、王骥，2016，《医患信任危机发生机制探察——基于群际关系的视角》，《南京师大学报》（社会科学版）第 2 期，第 117～122 页。

汪新建、柴民权、赵文珺，2016，《群体受害者身份感知对医务工作者集体内疚感的作用》，《西北师大学报》（社会科学版）第 1 期，第 125～132 页。

常健、殷向杰，2014，《近十五年来国内医患纠纷及其化解研究》，《天津师范大学学报》（社会科学版）第 2 期，第 67～71 页。

郭星华，2001，《城市居民相对剥夺感的实证研究》，《中国人民大学学报》第 3 期，第 71～78 页。

雷畅、张思远，2009，《医患冲突中患方责任的认知差异性调查分析》，《医学与哲学》（人文社会医学版）第 5 期，第 39～41 页。

吕小康、朱振达，2016，《医患社会心态建设的社会心理学视角》，《南京师大学报》（社会科学版）第 2 期，第 110～116 页。

尚鹤睿、黄桂佑，2008，《医患冲突的心理成因与调适研究》，《医学与社会》第 2 期，第 44～47 页。

张书维、王二平、周洁，2010，《相对剥夺与相对满意：群体性事件的动因分析》，《公共管理学报》第 3 期，第 95～102 页。

赵怀娟，2011，《怨恨及化解：对医患冲突的一种新审视》，《理论界》第 12 期，第 156～155 页。

肖凤、田春瑞、廖义林、王伴青、李梦军、孙续禄，2006，《医患双方对医患关系认知情况的调查分析》，《医学与哲学》第 23 期，第 26～27 页。

Bar-Tal, D. (2007). Socio-psychological foundations of intractable conflicts. *American Behavioral Scientist*, 50 (11), 1430–1453.

Bar-Tal, D., Chernyak-Hai, L., Schori, N., & Gundar, A. (2009). A sense of self-perceived collective victim-hood in intractable conflicts. *International Review of the Red Cross*, 91 (874), 229–258.

Bilali, R., Tropp, L. R., & Dasgupta, N. (2012). Attributions of responsibility and perceived harm in the aftermath of mass violence. *Peace and Conflict: Journal of Peace Psychology*, 18 (1), 21–39.

Cehajic, S., Brown, R., & Castano, E. (2008). Forgive and forget? Antecedents and consequences of inter-group forgiveness in Bosnia and Herzegovina. *Political Psychology*, 29 (3), 351 – 367.

Halperin, E., & Bar-Tal, D. (2011). Socio-psychological barrier to peace making: An empirical examination within the Israeli Jewish society. *Journal of Peace Research*, 48 (5), 637 – 651.

Liebkind K., & Mcalister A. L. (1999). Extended contact through peer modelling to promote tolerance in Finland. *European Journal of Social Psychology*, 29 (5 – 6), 765 – 780.

Noor, M., Brown, R., & Prentice, G. (2008a). Precursors and mediators of inter-group reconciliation in Northern Ireland: A new model. *British Journal of Social Psychology*, 47 (3), 481 – 495.

Noor, M., Brown, R., & Prentice, G. (2008b). Prospects for inter-group reconciliation: Social-psychological predictors of inter-group forgiveness and reparation in Northern Ireland and Chile. In A. Nadler, T. Malloy & J. D. Fisher (Eds.), *The Social Psychology of Inter-group Reconciliation: From Violent Conflict to Peaceful Co-Existence* (pp. 97 – 114). Oxford: Oxford University Press.

Noor, M., Shnabel, N., Halabi, S., & Nadler, A. (2012). When suffering begets suffering: The psychology of competitive victim-hood between adversarial groups in violent conflicts. *Personality and Social Psychology Review*, 16 (4), 351 – 374.

Noor, M., Brown, R., Taggart, L., Fernandez, A., & Coen, S. (2010). Inter-group identity perceptions and their implications for inter-group forgiveness: The Common In-group Identity Model and its efficacy in the field. *The Irish Journal of Psychology*, 31 (3 – 4), 151 – 170.

Philpot, C. R. & Hornsey, M. J. (2008). What happens when groups say sorry: The effects of inter-group apologies. *Personality and Social Psychology Bulletin*, 34, 474 – 487.

Rotella, K. N., Richeson, J. A., Chiao, J. Y., & Bean, M. G. (2012). Blinding trust the effect of perceived group victimhood on intergroup trust. *Personality and Social Psychology Bulletin*, 39 (1), 115 – 127.

Shnabel, N., Halabi, S., & Noor, M. (2013). Overcoming competitive victim-hood and facilitating forgiveness through re-categorization into a common victim or perpetrator identity. *Journal of Experimental Social Psychology*, 49 (5), 867 – 877.

Thompson, J. (2008). Apology, justice, and respect: A critical defense of political apology. In M. Gibney, R. E. Howard-Hasmann, J-M Coicaud, & N. Steiner (Eds.), *The Age of Apology: Facing up to the Past* (pp. 31 – 44). Philadelphia, PA, USA: University of Pennsylvania Press.

Wright S. C., Aron A., Mclaughlin T. (1997). The extended contact effect: Knowledge of cross-group friendships and prejudice. *Journal of Personality & Social Psychology*, 73 (1), 73 – 90.

Young, I. F., & Sullivan, D. (2016). Competitive victimhood: A review of the theoretical and empirical literature. *Current Opinion in Psychology*, 11, 30 – 34.

中国社会心理学评论　第 14 辑
第 74~84 页
© SSAP，2018

元刻板印象威胁对医患关系的影响：
群际焦虑的中介作用[*]

贺　雯　朱佳丽　孙亚文　王晓兰　柏涌海^{**}

摘　要： 社会认知理论表明，元刻板印象是影响群际关系的重要变量，元刻板印象威胁对群际关系具有破坏作用，且群际焦虑是元刻板印象威胁和群际关系之间的重要中介变量。因此，本研究采用实验法探讨元刻板印象威胁对医患关系的影响及其内在作用机制，将 47 名医生和 58 名患者随机分配到元刻板印象威胁组和无元刻板印象威胁组。结果表明：威胁组被试的群际焦虑水平显著高于无威胁组，医患关系评价显著低于无威胁组；医生群体对医患关系的评价显著低于患者；群际焦虑在元刻板印象与医患关系间起完全中介作用。

关键词： 医患关系　元刻板　印象威胁　群际焦虑

近年来，医患关系逐渐成为研究热点。医患关系是指整个医疗服务过程中以医生为主的群体与以患者为主的群体之间所建立的关系（丘祥兴，2003）。这是一种普遍又特殊的群际关系，普遍性在于任何人无一例外都可能扮演患者角色，特殊性则在于无正式契约形成的医患关系，来得快，

＊　本研究得到国家社科基金（17BSH093），国家自然科学基金面上项目（71473261），国家重大招标项目（17ZDA327）和上海哲社规划课题（2015BSH004）的资助。

＊＊　贺雯，女，上海师范大学教育学院教授；朱佳丽，女，上海师范大学教育学院硕士研究生；孙亚文，女，上海杉达学院国际医学技术学院讲师；王晓兰，女，上海师范大学教育学院硕士研究生；柏涌海，男，第二军医大学长征医院预防保健科主任。

去得也快（阳欣哲，2012）。医患关系本该是一种相互合作、相互信任的良好关系，但在当前中国社会中，医患关系日益呈现不和谐现象。大量研究发现，医患关系不仅受医患双方年龄、性别、文化、种族等人口学变量影响（叶红梅，2014；Springer & Mouzon，2011），而且与医患双方的心理因素，诸如归因偏差（张珊莉，2009）、消极的刻板印象（王瑜，2014）、医患双方污名化（王雄伟、武承淑，2014）等密切相关。但实证研究多集中在医学、传播学、社会学等方面，且多采用访谈、问卷调查等研究方法，从心理学角度探讨医患关系的实证研究仍然缺乏。社会认知理论表明，元刻板印象是影响群际关系的重要变量（Vorauer, Main, & O'Connell, 1998；Macinnis & Hodson, 2012）。元刻板印象威胁对群际关系具有破坏作用，且群际焦虑是元刻板印象威胁和群际关系之间的重要中介变量（Wohl, Giguère, Branscombe, & McVicar, 2011）。因此，本研究采用实验法探讨元刻板印象威胁对医患关系的影响及其内在作用机制。

一　文献综述与研究假设

元刻板印象（meta-stereotype）是 Vorauer, Main 和 O'Connell 于 1998 年提出的概念，它是指个体关于外群体成员对其所属群体（内群体）所持刻板印象的信念。Gómez 和 Huici（2008）认为，与刻板印象相比，元刻板印象会对群际关系产生更深刻、更持久的影响。这主要是由于元刻板印象信息与自我直接相关，尽管个体非常关心他人如何评价自己，但由于信息渠道十分有限，且羞于向外群体询问对自身所属群体的评价和刻板印象，因此，这类信息长期处于封闭状态，并且元刻板印象信息一旦形成不易改变（Lisa, Katherine, & Eden, 2013；Vorauer et al., 1998）。消极元刻板印象激活导致群体成员处于一种社会心理困境和认知不平衡状态，诱发群体成员的压力和害怕体验，进而损害群体成员的行为，这一现象被称为元刻板印象威胁（孙亚文、贺雯、罗俊龙，2015）。

研究表明，当激活消极元刻板印象后，个体的群际焦虑水平提高，反过来这种负性情绪导致他们避免与外群体的接触，且产生对外群体的敌意行为，进而导致群际关系下降（Frey & Tropp, 2006；Plant & Devine, 2008；Finchilescu, 2010）。此外，也有研究发现，消极元刻板印象的激活会导致个体自尊水平降低（Owuamalam & Zagefka, 2011），进而影响群际关系。因为个体知觉到自己被外群体消极看待，可能会形成拒绝敏感性（rejection sensitivity），产生更多的交往排斥预期，在群际接触中表现为易于感知和过度反应（Mendoza-Denton et al.，2002；Shelton，Richeson，& Salvatore，2005）。还有研究发现，同时激活积极和消极元刻板印象后，后者群际焦虑水平显著高于前者，且与较低的幸福感和较高消极情绪呈正相关（Owuamalam & Zagefka，2013）。借助生理反馈仪发现，消极元刻板印象激活组个体的血压和皮电均提高、心率加快、腹侧前扣带回皮层变得活跃（Kamans，Otten，& Gordijn，2011）。

群际焦虑是元刻板印象威胁和群际关系之间的重要中介变量，已得到大量研究证实（Smith，Hogg，Martin，& Terry，2007；Wohl et al.，2011）。但关于元刻板印象与医患关系的研究十分缺乏，目前关于刻板印象与医患关系的研究也较少。已有研究发现，消极刻板印象会阻碍患者的求医行为，对医生不信任，幸福感水平也降低，最终致使医患关系紧张（Chrisler，Barney，& Palatino，2016）。原因在于刻板印象激活后的患者怀疑医生不喜欢自己，感知到就诊过程中医生缺乏耐心，自己得不到尊重，进而选择拒绝接受医生的建议，医患关系较为紧张（Taylor，2012）。

对于医患关系，学者从不同的视角给出了深入的分析与建议，除了体制、政策等方面的原因，医患之间的心理因素对双方关系有重要影响。然而，医生或患者的消极元刻板印象是否会对医患关系产生影响及其影响机制仍是一片空白。基于上述原因，本研究将以元刻板印象操控为自变量，以群际焦虑和医患关系为因变量，考察消极元刻板印象的激活对医生和患者群际关系的影响，以及群际焦虑在其中所起的作用。

本研究的研究假设如下：

假设 1：元刻板印象威胁组被试的群际焦虑水平显著高于无威胁组，医患关系显著低于无威胁组；

假设 2：群际焦虑在元刻板印象与医患关系间起中介作用。

二 数据来源、变量操作与研究设计

（一）数据介绍与样本描述

在上海一所医院选取 47 名医生，58 名患者参加实验。被试被随机分成威胁组和无威胁组。其中，威胁组医生 24 人，平均年龄为 42.25 岁（35～54 岁，$SD = 5.43$），患者 30 人，平均年龄为 37.32 岁（27～65 岁，

$SD = 6.30$）；无威胁组医生 23 人，平均年龄为 43.91 岁（33 ~ 52 岁，$SD = 5.10$），患者 28 人，平均年龄为 37.10 岁（29 ~ 63 岁，$SD = 6.21$）。所有被试语言理解能力正常，均能按照要求完成实验。实验结束后给予小礼物作为报酬。

（二）变量的操作化

1. 群际焦虑量表

采用 Stephan 和 Stephan（1985）编制的群际焦虑量表，量表由 10 个项目组成。题目形式如：比起你与同是医生（患者）的个体交往，你与患者（医生）交往时感受如何？被试根据真实情况对"别扭的、局促不安的、恼怒的、焦躁的"等词语进行 7 级评定。其中 3 个项目（5、6、7）为反向计分，分数越高代表群际焦虑水平越高。本研究中量表的 Cronbach α 系数为 0.78。

2. 医患关系量表

该量表由对外群体的喜欢程度、对外群体的认知、与外群体的接触意愿三个维度构成（Tropp & Pettigrew，2005），量表由 8 个项目组成。题目形式如：你对医生（患者）的信赖度如何？所有题项均采用 1 ~ 5 级评分，分数越高代表被试的群际关系水平越高。本研究中量表的 Cronbach α 系数为 0.81。

（三）研究设计和程序

本研究采用 2（元刻板印象操控：元刻板印象威胁与无元刻板印象威胁）×2（群体：医生与患者）的两因素实验设计。元刻板印象操控和群体为被试间变量，群际焦虑和医患关系为因变量。

实验实行一对一单独施测，被试被随机分配到威胁组和无威胁组中，并参照 Owuamalam 等人（2013）的研究，向被试呈现不同的指导语。医生威胁组的指导语是：作为医生，您认为患者可能对您的消极印象有哪些（社会地位、教养、性格等方面）？请尽量用一些形容词描述出来。患者威胁组的指导语是：作为患者，您认为医生可能对您的消极印象有哪些（社会地位、教养、性格等方面）？请尽量用一些形容词描述出来。医患两者无威胁组的指导语都是：简单谈谈您对环保的看法，请尽量用一些形容词描述出来。随后让被试完成群际焦虑量表和医患关系量表。

三　数据统计与分析

（一）不同组别被试任务表现差异

对威胁组和无威胁组被试的群际焦虑分析发现，威胁组和无威胁组被试群际焦虑水平的平均数分别为 33.89 ± 11.24, 24.63 ± 8.56。方差分析结果发现，群际焦虑的组别效应显著，$F (1, 103) = 22.53$, $p < 0.001$, $\eta^2 = 0.18$。这一结果说明，消极元刻板印象的激活引起了被试群际焦虑水平的提高，元刻板印象威胁情境的启动是有效的。医生和患者群际焦虑的平均数分别为 28.53 ± 12.53, 30.12 ± 9.68。群际焦虑的群体效应不显著，$F (1, 103) = 0.60$, $p > 0.05$；群体与元刻板印象操控的交互作用不显著，$F (1, 101) = 0.09$, $p > 0.05$。

对威胁组和无威胁组被试的医患关系分析发现，威胁组和无威胁组被试医患关系的平均数分别为 27.28 ± 5.02, 30.75 ± 3.78。方差分析结果发现，医患关系的组别效应显著，$F (1, 103) = 15.84$, $p < 0.001$, $\eta^2 = 0.13$。医生和患者医患关系的平均数分别为 27.47 ± 3.76, 30.17 ± 5.17。群际关系的群体效应显著，$F (1, 103) = 10.60$, $p < 0.05$, $\eta^2 = 0.09$；群体与元刻板印象操控的交互作用不显著，$F (1, 101) = 2.11$, $p > 0.05$。

（二）中介分析

表 1、表 2 列出了各研究变量的相关矩阵。

表 1　各研究变量的相关分析结果（医生群体）

	1	2	3
1 元刻板印象操控	1		
2 群际焦虑	0.35 **	1	
3 群际关系	− 0.29 **	− 0.47 **	1

$*p < 0.05$, $**p < 0.01$, $***p < 0.001$。

表 2　各研究变量的相关分析结果（患者群体）

	1	2	3
1 元刻板印象操控	1		
2 群际焦虑	0.51 **	1	

	1	2	3
3 医患关系	− 0.45 **	− 0.58 **	1

$*p < 0.05$，$**p < 0.01$，$***p < 0.001$。

由表 1 和表 2 可见，在医生和患者两个群体中，群际焦虑与元刻板印象操控显著正相关，而与医患关系显著负相关，说明其可能是医患关系的风险因子。参照温忠麟和叶宝娟（2014）提出的检验方法，考查群际焦虑在元刻板印象操控与医患关系间的中介作用。除元刻板印象操控外，对所有预测变量做标准化处理，所有运算通过 SPSS 宏程序 PROCESS2.1。结果见表 3、表 4。

表 3　群际焦虑在元刻板印象与群际关系间的中介效应分析（医生群体）

结果变量	预测变量	B	SEB	p	95% CI
医患关系	元刻板印象操控	− 0.57	0.28	< 0.05	[− 1.14　− 0.01]
群际焦虑	元刻板印象操控	0.69	0.28	< 0.05	[0.13　1.25]
医患关系	元刻板印象操控	− 0.29	0.28	0.31	[− 0.85　0.27]
	群际焦虑	− 0.41	0.14	< 0.05	[− 0.70　− 0.13]

表 4　群际焦虑在元刻板印象与群际关系间的中介效应分析（患者群体）

结果变量	预测变量	B	SEB	p	95% CI
医患关系	元刻板印象操控	− 0.89	0.24	< 0.001	[− 1.37　− 0.41]
群际焦虑	元刻板印象操控	1.07	0.24	< 0.001	[0.59　1.55]
医患关系	元刻板印象操控	− 0.40	0.25	0.11	[− 0.90　1.00]
	群际焦虑	− 0.46	0.12	< 0.001	[− 0.69　− 0.22]

在医生群体中，元刻板印象操控对医患关系的效应显著，元刻板印象操控对医患关系存在负向预测作用（$B = − 0.57$，$t = 2.02$，$p < 0.05$），元刻板印象操控对群际焦虑存在正向预测作用（$B = 0.69$，$t = − 2.49$，$p < 0.05$）。将元刻板印象操控与群际焦虑同时纳入回归方程，结果显示，元刻板印象操控对医患关系不存在预测作用，群际焦虑的预测作用显著。群际焦虑在元刻板印象操控与医患关系间存在中介作用，中介作用的 R^2 为 0.15。其中，元刻板印象操控对医患关系的总效应为 0.57（$p < 0.05$），中介效应量为 0.29，中介效应 95% 的置信区间为 [0.11　0.67]，中介效应占总效应的 50%。具体而言，元刻板印象操控完全通过群际焦虑对医患关

系产生影响。

在患者群体中，元刻板印象操控对医患关系的效应显著，元刻板印象操控对医患关系存在负向预测作用（$B = -0.89$，$t = 3.72$，$p < 0.001$），元刻板印象操控对群际焦虑存在正向预测作用（$B = 1.07$，$t = -4.46$，$p < 0.001$）。将元刻板印象操控与群际焦虑同时纳入回归方程，结果显示，元刻板印象操控对医患关系不存在预测作用，群际焦虑的预测作用显著。群际焦虑在元刻板印象操控与医患关系间存在中介作用，中介作用的 R^2 为 0.17。其中，元刻板印象操控对医患关系的总效应为 0.89（$p < 0.001$），中介效应量为 0.49，中介效应 95% 的置信区间为 [0.17　0.94]，中介效应占总效应的 55%。具体而言，元刻板印象操控完全通过群际焦虑对医患关系产生影响。

四　结果与讨论

本研究对元刻板印象如何影响医患关系以及群际焦虑在其中的作用进行了检验，结果表明：元刻板印象威胁组的群际焦虑水平显著高于无威胁组，医患关系显著低于无威胁组，假设 1 得到了验证；在医生群体中，群际焦虑的中介效应占总效应的 50%，在患者群体中，群际焦虑的中介效应占总效应的 55%，假设 2 得到了验证，元刻板印象操控完全通过群际焦虑对医患关系产生影响。

（一）元刻板印象威胁、群际焦虑与医患关系

本研究发现，消极元刻板印象激活后患者的群际焦虑水平提高，表明元刻板印象威胁与群际焦虑的共生性，元刻板印象激活后与强烈的群际焦虑体验相伴随。这与以往的研究结果一致（Andrighetto et al. , 2013；Luksyte, Waite, Avery, & Roy, 2013）。作为一种与个人紧密相关的概念，消极元刻板印象的激活使个体产生消极的自我评估，成为自我概念的一部分，加剧其劣等感，降低自尊水平，进一步引发焦虑等负性情绪（Ajzen & Fishbein, 2005）。另外，元刻板印象威胁是一种普遍的威胁，兼具情感和行为属性，当个体感知或是体验到内群体受到不公平待遇而愤慨时，很容易产生相对剥夺感，从而导致群际焦虑的唤醒（Shapiro, Williams, & Hambarchyan, 2013）。

研究还发现，群际焦虑在元刻板印象威胁和医患关系之间的中介效应显著，这和前人的研究结果一致（孙亚文、贺雯、罗俊龙，2015）。相关

的研究结果也指出，若个体知觉到来自外群体的威胁，而自己却无力改变时，随之产生的群际焦虑会使群体成员产生群际交往退缩行为，它可很好地预测群体成员的群际关系（Spanovic，Lickel，Denson，& Petrovic，2010）。Davis 和 Stephan（2011）利用面部肌电图（EMG）监测与情绪相伴随的肌肉活动，发现群际威胁激活后被试肌肉的活跃度提高且出现焦虑情绪，群际关系表现为明显下降的趋势。当医患双方感知到消极的不公正对待或对方对他们的消极刻板印象时，被试可能感知到自己被消极评价，便会在医患接触过程中对自己恰当的行为产生不确定感，他们无法确定自己会被如何对待，如何与对方相处（Shelton & Richeson，2005），反过来影响随后的医患关系。Butz 和 Plant（2006）的研究同样发现，感知到外群体的消极评价将使个体产生愤怒和敌意反应。如果交往不可避免，会出现贬低外群体的行为。这可能是，消极元刻板印象激活后的群际焦虑窄化了个体对外群体的注意范围或者是提高了对威胁信息的关注，导致个体对威胁信息的注意选择偏向，个体与外群体的交往意愿降低（Greenland & Brown，2000）。此外，根据情绪的机能理论，外群体的消极评价会导致个体形成敌意，他们也倾向于给予对方消极的评价，这种回馈性会造成群际接触的减少，导致群际关系的紧张（Wakefield，Hopkins，& Greenwood，2012）。

本研究发现，相对于患者来说，医生对医患关系的评价更低。该结果提示我们，在医患关系紧张的今天，我们通常将患者作为弱势一方，认为他们在遭受不公平的医疗服务，他们对医患关系的评价更低，更应该被关注。大众媒体也经常以一种"患者弱势"的惯例化报道思维，长期对医疗案例进行连篇累牍的报道，这在一定程度上潜移默化地影响医生对自身的认知，对个体的自我控制感产生消极影响，加剧了医生焦虑等负面情绪的蔓延，在当前强大的舆论压力下，医生承受着巨大的心理压力（颜秋雨，2013）。应该看到，媒体报道对医患关系影响非常大，有些负面报道虽仅是特例，却可能使医患双方形成消极的元刻板印象，从而引发群际焦虑，损害群际关系。因此，媒体要改变吸引眼球的夸大式报道，更多报道医患关系中的正面事例，从而有效减少元刻板印象威胁对医患关系的消极影响。

（二）研究中存在的问题

研究的不足之处在于只考察了群际焦虑在消极元刻板印象和群际关系的中介作用，而群际信任作为重要的认知因素，是否也会起到类似作用，有待于未来研究的进一步探讨。

参考文献

丘祥兴，2003，《医学伦理学》（第 2 版），北京：人民卫生出版社。

孙亚文、贺雯、罗俊龙，2015，《随迁儿童元刻板印象威胁对工作记忆的影响：群际焦虑的中介作用》，《心理学报》第 11 期，第 1349～1359 页。

王雄伟、武承淑，2014，《医患矛盾常态化：基于博弈理论的医患关系路径选择》，《医学与哲学》第 6 期，第 64～66 页。

王瑜，2014，《警惕 "刻板印象" 背后媒介素养缺失——浅析媒体医患关系报道的负面影响》，《中国报业》第 5 期，第 43～44 页。

温忠麟、叶宝娟，2014，《有调节的中介模型检验方法：竞争还是替补？》，《心理学报》第 5 期，第 714～726 页。

颜秋雨，2013，《基于人际传播理论的医患纠纷分析及纠纷化解对策——以湖南省为例》，硕士学位论文，中南大学。

阳欣哲，2012，《媒体传播对医患关系影响研究》，博士学位论文，上海交通大学。

叶红梅，2014，《基于患者视角下的医患关系影响因素研究——以上海市第十人民医院为例》，硕士学位论文，上海交通大学。

张珊莉，2009，《医患冲突的社会心理成因及对策研究》，《医学与社会》第 12 期，第 58～60 页。

Ajzen, I., & Fishbein, M. (2005). The Influence of Attitudes on Behavior. The Handbook of Attitudes, 173 – 221.

Andrighetto, L., Durante, F., Lugani, F., Volpato, C., & Mirisola, A. (2013). Obstacles to intergroup contact：When outgroup partner's anxiety meets perceived ethnic discrimination. British Journal of Social Psychology, 52 (4), 781 – 792.

Butz, D. A., & Plant, E. A. (2006). Perceiving outgroup members as unresponsive：Implications for approach-related emotions, intentions, and behavior. Journal of Personality & Social Psychology, 91 (6), 1066 – 1079.

Chrisler, J. C., Barney, A., & Palatino, B. (2016). Ageism can be hazardous to women's health：Ageism, sexism, and stereotypes of older women in the healthcare system. Journal of Social Issues, 72 (1), 86 – 104.

Davis, M. D., & Stephan, W. G. (2011). Electromyographic analyses of responses to intergroup threat. Journal of Applied Social Psychology, 41 (1), 196 – 218.

Finchilescu, G. (2010). Intergroup anxiety in interracial interaction：The role of prejudice and metastereotypes. Journal of Social Issues, 66 (2), 334 – 351.

Frey, F. E., & Tropp, L. R. (2006). Being seen as individuals versus as group members：Extending research on metaperception to intergroup contexts. Personality & Social Psychology Review, 10 (3), 265 – 280.

Gómez, á. & Huici, C. (2008). Vicarious intergroup contact and the role of authorities in prejudice reduction. The Spanish Journal of Psychology, 11, 103 – 114.

Greenland, K., & Brown, R. (2000). Categorization and intergroup anixety in intergroup contact. In D. Capozza & R. Brown (Eds.), *Social Identity Processes*: *Trends in Theory and Research*. Thousand Oaks, CA : Sage Publications Ltd, 167 – 183.

Kamans, E., Otten, S., & Gordijn, E. (2011). Power and threat in intergroup conflict: How emotional and behavioral responses depend on amount and content of threat. *Group Processes & Intergroup Relations*, 14 (3), 293 – 310.

Lisa M. Finkelstein, Katherine M. Ryan, & Eden B. King. (2013). What do the young (old) people think of me? Content and accuracy of age-based meta stereotypes. *European Journal of Work & Organizational Psychology*, 22 (6), 633 – 657.

Luksyte, A., Waite, E., Avery, D. R., & Roy, R. (2013). Held to a different standard: Racial differences in the impact of lateness on advancement opportunity. *Journal of Occupational & Organizational Psychology*, 86 (2), 142 – 165.

Macinnis, C. C., & Hodson, G. (2012). Intergroup bias toward "group x": Evidence of prejudice, dehumanization, avoidance, and discrimination against asexuals. *Group Processes & Intergroup Relations*, 15 (6), 725 – 743.

Mendoza-denton, R., Downey, G., Purdie, V. J., Davis, A., & Pietrzak, J. (2002). Sensitivity to status-based rejection: Implications for african american students' college experience. *Journal of Personality & Social Psychology*, 83 (4), 896 – 918.

Owuamalam, C. K., & Zagefka, H. (2011). Downplaying a compromised social image: The effect of metastereotype valence on social identification. *European Journal of Social Psychology*, 41 (4), 528 – 537.

Owuamalam, C. K., Tarrant, M., Farrow, C. V., & Zagefka, H. (2013). The effect of metastereotyping on judgements of higher-status outgroups when reciprocity and social image improvement motives collide. *Canadian Journal of Behavioural Science*, 45 (1), 12 – 23.

Owuamalam, C. K., & Zagefka, H. (2013). We'll never get past the glass ceiling! metastereotyping, world-views and perceived relative group-worth. *British Journal of Psychology*, 104 (4), 543 – 562.

Plant, E. A., & Devine, P. G. (2008). Interracial interactions: Approach and avoidance. In *Handbook of Approach and Avoidance Motivation*. Psychology Press, New York, NY. 571 – 584.

Shapiro, J. R., Williams, A. M., & Hambarchyan, M. (2013). Tailoring stereotype threat interventions to reduce disparities in STEM education. *Paper presented at the meeting of APA 121st Annual Convention*, Honolulu, US.

Shelton, J. N., & Richeson, J. A. (2005). Intergroup contact and pluralistic ignorance. *Journal of Personality & Social Psychology*, 88 (1), 91.

Shelton, J. N., Richeson, J. A., & Salvatore, J. (2005). Expecting to be the target of prejudice: implications for interethnic interactions. *Personality and Social Psychology Bulletin*, 31 (9), 1189 – 1202.

Smith, J. R., Hogg, M. A., Martin, R., & Terry, D. J. (2007). Uncertainty and the influence of group norms in the attitude-behaviour relationship. *British Journal of Social Psychology*, 46 (4), 769 – 792.

Spanovic, M. , Lickel, B. , Denson, T. F. , & Petrovic, N. (2010). Fear and anger as predictors of motivation for intergroup aggression: Evidence from serbia and republika srpska. Group *Processes & Intergroup Relations*, 13 (6), 725 – 739.

Springer, K. W. , & Mouzon, D. M. (2011). "Macho men" and preventive health care: Implications for older men in different social classes. *Journal of Health & Social Behavior*, 52 (2), 212 – 227.

Stephan, W. G. , & Stephan, C. W. (1985). Intergroup anxiety. *Journal of Social Issues*, 41 (3), 157 – 175.

Taylor, S. E. (2012). Health psychology (8th ed.). *Health Psychology*.

Tropp, L. R. , & Pettigrew, T. F. (2005). Differential relationships between intergroup contact and affective and cognitive dimensions of prejudice. *Personality and Social Psychology Bulletin*, 31 (8), 1145 – 1158.

Vorauer, J. D. , Main, K. J. , & O'Connell, G. B. (1998). How do individuals expect to be viewed by members of lower status groups? Content and implications of meta-stereotypes. *Journal of Personality & Social Psychology*, 75 (4), 917 – 937.

Wakefield, J. R. H. , Hopkins, N. , & Greenwood, R. M. (2012). Thanks, but no thanks: Women's avoidance of help-seeking in the context of a dependency-related stereotype. *Psychology of Women Quarterly*, 36 (4), 423 – 431.

Wohl, M. J. A. , Giguère, B. , Branscombe, N. R. , & McVicar, D. N. (2011). One day we might be no more: Collective angst and protective action from potential distinctiveness loss. *European Journal of Social Psychology*, 41 (3), 289 – 300.

中国社会心理学评论　第 14 辑
第 85~95 页
© SSAP，2018

宽容与信任之社会心态的双向建构：
"认同－渲染"模型构想[*]

张淑敏[**]

摘　要：社会心理学意义上的宽容是个体平和包容地看待与己不同的价值理念、言谈举止等社会存在的积极心态，它存在人际宽容、群际宽容和文化宽容三个分析层次。每一层次上的宽容均可作为信任源而增加社会信任。"认同－渲染"模型认为，宽容与信任之间存在相互建构的关系，并且在人际、群际和文化三个层次间通过两种不同的社会心理机制而起作用。其中，从人际到群际再到文化的自下而上的作用路径主要通过社会渲染机制实现，从文化到群际再到人际的自上而下的作用路径则通过文化认同机制实现。为验证这一理论模型，还需要完善宽容的维度指标、构建相应的测量工作，并积累更多的经验证据。

关键词：宽容　信任　宽恕　社会心态　"认同－渲染"模型

人与人之间的宽容是建立社会信任的重要社会心理资源。但对于如何在整体社会层面提高社会的宽容度，进而提升社会信任度，目前学界的研究还相对较少。本文拟结合文化心理学的相关研究，在对宽容进行概念界定和内涵分析后，对社会宽容与社会信任之间的关系进行理论探讨，从而探索可能的提升社会宽容的社会心理学策略。

---

　*　本研究完成于英国格林威治大学（University of Greenwich），得到国家留学基金委员会的资助，文件号：留金法〔2015〕5103 号。
　**　张淑敏，女，法学博士，贵州商学院心理学教授。

一　宽恕与宽容的概念辨析

　　近年来，心理学界产生了诸多与宽容相关的研究，但多使用的是"宽恕"（forgiveness）的概念。辨析这两个高度关联又不尽相同的概念，借鉴宽恕心理学的研究成果来拓展宽容的相关研究，对宽容的社会心理学研究具有基础性的意义。

　　宽恕的心理学涉及临床心理学、人格心理学、认知心理学、社会心理学等多个领域，不同研究者的定义也不尽相同。但总体来说，宽恕心理学研究主要集中在自我宽恕和人际宽恕的层面，也就是个体水平的研究。自我宽恕是个体认识到自己的错误时，放弃对自己的不满，并给予自己同情、宽大和关爱的过程（Hall & Fincham，2005；喻丰、郭永玉，2009；刘凌、马旭颖、沈悦，2013）。人际宽恕是一种复杂的心理过程或者结果，是受害者对待侵犯者的负面情感和消极态度的减少，放弃对侵犯者的仇恨、愤怒情绪和报复心理甚至与之和解（Mccullough，Worthington，& Rachal，1997；Mullet，Girard，& Bakhshi，2004）。宽恕既是一种动机结构，也是一种亲社会行为，其动机成分较为复杂（傅宏，2003；马洁、郑全全，2010；张海霞、谷传华，2009；朱婷婷、陶琳瑾、郑爱明，2014）。最近的研究还涉及了群体宽恕，是指群体成员对曾经侵犯过本群的外群体的报复感、愤怒感以及不信任感的减少，有意识地去理解、接近对方群体；受害群体在认知、情感和行为三方面均出现积极转变，从而改善群体间的关系（Hewstone et al.，2004；艾娟，2014）。

　　当然，针对"宽恕"这一中文术语是否能够完成对应英文中的"forgiveness"这一概念，也存在一定的争议。虽然有学者认为"当代心理学研究中'forgiveness'概念的解析以及中国文化中'宽恕'心理的分析的过程中，并未发现中文语境中的'宽恕'与作为心理学研究对象的'forgiveness'存在本质上的差异"（朱婷婷、王晓萍，2013），但也有学者认为"西方的 forgiveness 和中国的宽恕是有区别的。西方的宽恕是'为爱而爱'的终极关怀，体现了其'原罪'的价值维度。中国的宽恕是纲常伦理的处理原则，体现了其'原善'的价值维度。总之，在西方文化中，'宽恕'和宗教密切相关，崇尚的是一种无条件的爱；在中国，'宽恕'主要侧重美德、品质方面"（钱锦昕、余嘉元，2014）。简言之，forgiveness 体现了西方的宗教价值观，而宽恕体现了中国的道德价值观。本文认为，这一区分是值得注意的。中文语境下的宽恕，确不具备西方文明中的宗教背景，更多地作为一种文化价值观念和相关的实践行为而存在。

　　不过，虽然不同研究的定义不同，但从概念化到操作化，宽恕的心理学研究已经产生较为丰富的文献，且具有较为明显的心理学研究的实证风格，即强调在操作化水平下的宽恕水平测量与干预后果验证。相比之下，有关宽容（tolerance 或 toleration）的研究就显得模糊而多元。这可能是由于"宽容"一词更难以概念化。或者说，由于有更多的学科参与了宽容的概念化，就使"宽容"一词的内涵显得非常模糊，而心理学界关于宽容的研究也要远少于对宽恕的研究。例如，《大英百科全书》对宽容的定义为：宽容是指拒绝对背离主流规范或政策的观念或行为加以惩罚，或有意识地不对他人的不赞同行为加以干涉。① 这是一个更加偏向社会学的定义，注重外在行为或规范层面的界定。贺来（2001）则认为，"宽容是一种建立在对人与世界的差异性、真理的相对性与人性的多面性自觉意识基础上的理性和明智的思维方式、行为方式与人生态度，是人在处理人际关系所存在的差异、矛盾和分歧时所体现的一种成熟通达的美德和境界"。这是一个更偏向哲学和伦理学的界定，强调宽容的道德属性。在有限的关于宽容的心理学研究中，钱锦昕和余嘉元（2014）认为，宽容体现了宽容主体对他人的尊重，是对他人不同于自己的一些信念、理想、思维方式、判断、行为等的容忍；宽容并不只是主体的消极忍受，还表现为积极主动地调整心态，使自己心情舒畅。这一界定有两点值得注意：一是强调宽容是一种心理状态；二是强调宽容不仅是被动地包容他人，还是主体的一种积极的心态调整，具有积极心理学的内涵。

　　毫无疑问，宽容与宽恕之间存在高度的重合，但又不完全相同。在西方语境中，相较于"宽恕"一词较强的宗教内涵，"宽容"一词显得更为中性。同时，不论在中方还是西方语境下，人际间的宽恕都更倾向于一方存在冒犯行为之后，作为该行为的接收者对行为施发者的谅解过程。也就是说，宽恕他人往往意味着站在自身立场上，他人言行对自己形成了某种伤害，这是宽恕心理或行为产生的一个前提条件。而宽容则并不需要此前提条件，它只是对与己不同的观念、言语或行为的一种不妄加评判或惩罚，而是采取平和待之的心态。从这个意义上讲，宽容心理可视为宽恕心理或行为的一种前期或预备状态。对某人或某事存在宽容心态的个体，也可能更容易产生相应的宽恕心理。但是，宽恕对主体的要求较宽容更高，因为宽恕意味着侵犯言行的实际发生，"个体容易做到宽容他人，但是，

---

① https://global.britannica.com/topic/toleration.

并非每一个人都能做到宽恕别人，由此可见，宽恕的境界要远高于宽容的境界"（李兆良，2013）。

总之，与目前得到较多操作化研究的宽恕不同，宽容的内涵更加多元且更具包容性，需要对其内涵和分析层次进行进一步的探讨。

二　宽容的概念界定与内容维度

基于上述分析，本文认为，社会心理学意义上的宽容是个体平和包容地看待与己不同的价值理念、言谈举止等社会存在的积极心态。这一界定具有以下三层内涵。

第一，宽容至少是就人际水平而言的，是某一行为主体对另一行为主体（如个人对个人、个人对群体、群体对个人以及群体对群体等）的宽容。这里不像宽恕概念一样存在宽恕自我和宽恕他人两大面向。这是为了保持社会心理学视角的纯粹性，不讨论自我宽容的内容。因此，这种宽容本质上是一种社会宽容。

第二，宽容是一种积极心态，即一种心理状态，而不是某种固定的人格特质。这是一种理论设定而非经验论证。本文将宽容视为一种状态而非特质，这与当下许多心理学流派，如积极心理学将宽恕视为一种积极人格特质的观点有所不同，这是为了突出宽容心态的可塑性。如果将之界定为一种人格特质，则意味着它具有较强的稳定性，难以在短期内改变。但本文认为，社会心理学意义上的宽容更像是一种社会态度或社会心态，容易受到他人或传媒的引导，具有较强的易变性和社会建构性。同时，宽容也具有领域特征性，即个体可能对某些领域的观念或行为较为宽容，对另外一些领域的观念或行为则较不宽容。因此，也很难将这种现象归因于某种稳定的人格特质。当然，这里并不否认可能存在宽容人格特质，即某些类型的个体总体而言更倾向于具有宽容心态。

第三，宽容心理的重要特征在于能够承认差异、包容不同。宽容的对象可以是具体的个体、群体、组织等实体或具体的、可观察的言谈举止，也可以是抽象的价值观念。对这些对象持有宽容心理，就是在认知上意识到它们与自身理念、观点、旨趣等存在明显差异，而又不至于产生认知不协调和紧张，不会产生明显的负面情绪，而是以积极的视角、包容的心态加以衡量。当然，宽容并不完全是无原则的纵容，个体所宽容的内容仍然受法律法规、主流价值观念等社会文化因素的制约。同时，宽容意味着主体对所发现不同的积极适应而非消极应对，是一种积极的心态特征。

那么，社会心理学意义上的宽容具体可分解为哪些维度呢？目前学界对这一方面的探讨还相对较少。晏辉（2012）曾从社会学和政治学的角度，对宽容进行了类型学的划分。他认为，从主体的角度分类，有个体的宽容、社会的宽容和政党的宽容。个体宽容以及民众宽容是个人对社会、他人、组织和政党之观念和行动的接受程度及容忍程度，包括物质宽容、心理宽容和精神宽容。社会宽容的重要标志是社会安全阈限，即社会容忍或允许威胁、危害、破坏社会正常秩序的事件和力量得以存在的最低限度。政党宽容是对相异于自己的观念和行动的容忍限度。他同时指出，在资源和财富短缺的社会，个体宽容更多的是生理宽容和物质宽容，而在一个财富相对丰富的社会，个体宽容日益表现为心理宽容和精神宽容，不是在身体和物质上不能容忍，而是在心理和精神上不能接受。社会心理学意义上的宽容更多集中于晏辉所谓"个体宽容"的范畴，但同样包含其他两种宽容的部分内容。对此，有必要进一步加以说明。

鉴于社会心理学通常可划分为人际心理、群际心理和文化心理三大分析层次，并且在社会心态研究领域已经有了较多的应用（王俊秀，2013；王洪春、徐膑武，2014；欧阳瑜华、刘海燕，2014），这里拟将宽容心理做出类似的划分，将宽容划分为人际宽容、群际宽容和文化宽容三大层次。

所谓人际宽容，是指个体与个体的直接互动过程中的宽容心理。这主要表现为个体的穿着打扮、言谈举止、思想观念、生活方式等方面的宽容，这与目前心理学领域的宽恕研究有诸多相似之处。影响人际宽容的个体心理因素至少包括：认知因素，如包括对自身价值观的觉察、确认、肯定，对他人行为动机和价值观的识别、归因、评价；共情能力，即设身处地地感受他人情绪体验的能力；个体人格特质。宽恕的心理学研究发现，"大五"人格中的神经质能抑制宽恕，而宜人性则能促进宽恕（张海霞、谷传华，2009）。同样的结论是否适用于宽容心理学研究，当然还有待验证。

所谓群际宽容，是指群体与群体的互动过程中的宽容心理，其宽容的内容与人际宽容并无实质区别，只是分析的视角从个体转向群体，而个体在群体中的表现又不完全等同于其单独作为个体时的表现。与群体宽恕的影响因素（艾娟，2014）类似，影响群际宽容的社会心理学因素包括四个方面。①低人性化信念（infra-humanization），即群体成员认为自己所在的群体更具有人性化的本质，而外群体成员的人性化水平较低（Leyens et al.，2007）。②竞争受害性心理（competitive victimhood），即群体认为自己比对方群体在冲突中遭受到更大伤害的信念，卷入冲突的群体成员认为自己比对方受到更多的伤害（Noor，Shnabel，Halabi，& Nadler，2012）。③内群体偏好，即当群体受到威胁时，个体更容易认同内群体成员；群体认同与群际宽恕之间存在显著的负相关，群体认同的强度越大，则群际宽恕的水平越低（Noor et al.，2008）。④群际接触水平。群际接触的质量越高，低人性化认知、群体敌对态度和愤怒水平越低；共情程度越高，群际宽恕水平越高（Tam，Hewstone，Kenworthy，& Cairns，2009；Cehajic，Brown，& Castano，2008）。

所谓文化宽容，是指社会整体的宽容文化心理，这是社会心态的一个侧面。社会心态是社会中多数成员或占一定比例的成员表现出的普遍的、一致的心理特点和行为模式，并构成一种氛围，成为影响每个个体成员行为的模板（王俊秀，2014）。宽容的社会心态，是塑造人与人之间和谐有序互动模式的重要社会心理基础。文化宽容涉及面非常广，如对商业创新的宽容、对具体行为模式（如行为艺术）的宽容、对特殊人群（如同性恋群体）的宽容等。文化的核心是价值观，所以文化宽容本质就是一种承认差异、尊重多元、平等沟通的价值理念，而且宽容本身也因此具有文化性、社会性和时代性。不同社会文化和不同时代背景下，某个具体社会所具有的宽容性即所宽容的对象和内容会有所不同，且受该社会主流文化价值观的制约。但如何进一步确定文化宽容的主要维度并加以操作化的测量，还需要进一步的探索和研究。

对宽容心理做出内容维度或分析层次上的划分，其目的是进一步拓展宽容的内容结构，以便为后续的操作化测量提供理论上的支持。同时，将社会宽容作为社会心态的一种，也可便于借鉴社会心态领域相关的研究模型进行验证性的分析。这种划分当然不是尽善尽美的，而有各种各样的局限。尽管如此，仍有必要提出一些初步性的构想，以为将来的研究奠定必要的基础。

三　宽容与信任的 "认同 – 渲染" 模型构想

宽容与信任之间的关系如何？这实质上涉及分析视角的选定。实际上，宽容既可以视为一种信任源，即宽容可更好地产生信任，也可以视为信任的结果，即由于信任对方，因此对其更为宽容。或者说，两者之间实际上更像是一种相互建构的关系。但要分析这种相互建构的层面，同样需要明确信任的社会心理学分析水平。

与宽容的三个社会心理学分析水平类似，信任同样可划分为人际信任、群际信任、文化信任三大层面。所谓人际信任，即个体与个体直接互动时产生的信任关系；所谓群际信任，即群体与群体互动时产生的信任关系；所谓文化信任，即以价值观形态和社会心态形式存在的关于信任的最基本理念、认知、情绪、情感和行为倾向。当我们说宽容是一种信任源时，是指三种分析水平上的宽容可以提升上述三种分析水平上的信任。当然，每一种分析水平上的宽容与信任各自之间存在相互影响和建构的关系，即人际水平上的信任会影响群际水平上的信任进而塑造信任文化；反过来，信任的文化氛围也会影响群际和人际水平上的信任。宽容也是如此。这实际上类似于个体心理与社会心态之间的相互影响过程。杨宜音、王俊秀（2013）曾提出社会心态与个体心理的互动视角，如图1所示。

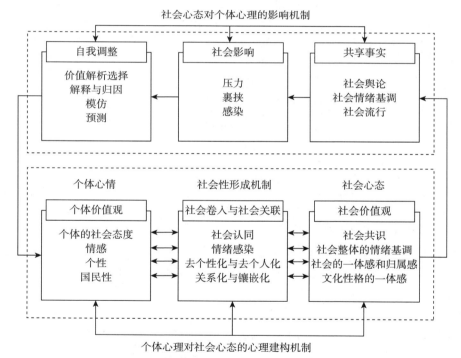

图1 社会心态的上下互动模式

资料来源：杨宜音，2006。

图1以相对复杂的形式，勾勒出个体心理与社会心态之间的相互建构过程。这种相互建构机制实际上也适用于宽容与信任之间的分析。

与此同时，周晓虹（2014）则曾特意强调社会心态生成的集体表征与个体认同这一双重过程，其中集体表征为人们的心理趋同提供了基本的方向，那么个体认同则通过心理群体的形成将社会生活中散在的个体凝聚在一起（见图2）。

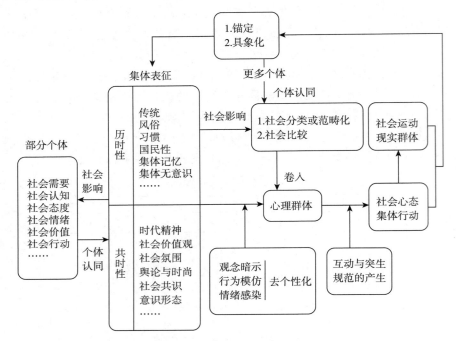

图 2　社会心态的生成机制：集体表征与个体认同

资料来源：周晓虹，2014。

虽然图 2 比较复杂，但周晓虹对社会心态生成过程的核心社会心理机制有了更为明确的抽象与概括。这也值得后续研究借鉴。

基于此，本文拟提出宽容与信任之间的双向建构社会心理过程模式，简称"认同 – 渲染"模型（见图3）。

在这一模型中，作为信任源的宽容，可同时在人际、群际和文化三大层次上产生相应的信任心态和行为；同时，不同层次上的宽容与信任之间又各自存在相互影响的关系。其中，从人际到群际再到文化的作用路径，主要通过"社会渲染机制"来传递影响。所谓社会渲染，是指基于价值主导和情绪渲染作用而达成的自下而上、从微观到宏观、从局部到全局的路径。之所以称为"渲染"，原因是想突出这种影响非纯理性一面，即这种宽容和信任并不完全是理性计算和逻辑推演的结果，而是混杂着情绪感染、朋辈压力、行为模仿、价值认同等心理化的因素。而从文化到群际再

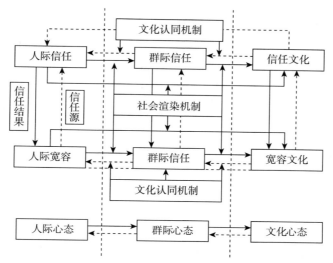

图3　宽容与信任的"认同－渲染"模型

到人际的自上而下的作用路径，这里概括为"文化认同机制"，原因在于文化认同或群体认同能够给予个体一种价值上的确定感和身份感，形成价值观归属和内群体偏好，从而对具体的信任或宽容行为产生影响。

当然，将这两个机制概括为社会渲染机制和文化认同机制，可能过于综合，未能完全精确地涵盖其中所有可能的社会心理机制，这还需要进一步的论证。

四　结语与展望

在提出初步的理论模型框架后，进一步的工作至少包括以下三个方面。首先，完善宽容的维度指标并构建相应的测量工作。目前，关于社会信任的测量已经相对较多，但对如何测量宽容（而非宽恕）的研究还相对较少。由于宽恕与宽容在概念界定上存在诸多不同，因此，不能简单地将宽恕量表加以改造或移植就直接套用，而需要根据前述概念化过程，遵照心理测量学的相关规范与程序，重新建构一套符合研究规范的量表。同时，该量表还需要具有一定的文化特性，即在不同文化领域、不同价值观体系下，其具体题项可能有所不同。

其次，在每个分析层次内部，宽容与信任之间仍存在相互建构的关系。但是，每个层面上两者的相互建构机制是否完全相同，还有待进一步的探讨。作为信任源的宽容，究竟通过何种社会心理机制建立了人际、群

际和文化层面的信任，这些机制与个体特征和环境线索的关系如何，也有
待进一步的明确。而作为宽容结果的信任，又如何反过来促进宽容氛围的
持续，也有待探讨。

最后，提升不同层面的社会宽容的社会心理学路径为何，还需要实证
研究的检验。目前，宽容与信任的社会心理学研究还多处于相互分离的状
态，并未建立两者之间的有机联系。本文提出的关系构想目前还停留在猜
测层面，要想验证其相互之间的信任关系，必须在不同群体和不同情境下
进行量化验证或案例分析。总之，积累更多的经验性证据，是下一步研究
的重点。

参考文献

艾娟，2014，《群际宽恕的影响因素》，《心理科学进展》第 3 期，第 522~529 页。

傅宏，2003，《宽恕心理学：理论蕴涵与发展前瞻》，《南京师大学报》（社会科学版）
　　第 6 期，第 92~97 页。

贺来，2001，《宽容意识》，长春：吉林教育出版社，第 12 页。

李兆良，2013，《宽恕内涵的本土心理学反思》，博士学位论文，吉林大学。

刘凌、马旭颖、沈悦，2013，《西方自我宽恕模型研究进展》，《辽宁师范大学学报》
　　（社会科学版）第 2 期，第 211~215 页。

马洁、郑全全，2010，《由三个宽恕模型看宽恕研究新进展》，《心理科学进展》第 5
　　期，第 734~740 页。

欧阳瑜华、刘海燕，2014，《社会心态基本理论问题研究综述》，《理论探索》第 5 期，
　　第 47~50 页。

钱锦昕、余嘉元，2014，《中国传统文化视角下的宽容心理》，《江苏师范大学学报》
　　（哲学社会科学版）第 2 期，第 149~153 页。

王洪春、徐朕武，2014，《社会心态：从个体到全体的形成路径》，《中共天津市委党校
　　学报》第 2 期，第 71~76 页。

王俊秀，2013，《社会心态的结构和指标体系》，《社会科学战线》第 2 期，第 167~
　　173 页。

王俊秀，2014，《社会心态：转型社会的社会心理研究》，《社会学研究》第 1 期，第
　　104~124 页。

晏辉，2012，《论社会宽容》，《北京师范大学学报》（社会科学版）第 3 期，第 83~
　　89 页。

杨宜音，2006，《个体与宏观社会的心理关系：社会心态概念的界定》，《社会学研究》
　　第 4 期，第 117~131 页。

杨宜音、王俊秀，2013，《当代中国社会心态研究》，北京：社会科学文献出版社，第
　　52 页。

喻丰、郭永玉，2009，《自我宽恕的概念、测量及其与其他心理变量的关系》，《心理科学进展》第 6 期，第 1309～1315 页。

张海霞、谷传华，2009，《宽恕与个体特征、环境事件的关系》，《心理科学进展》第 4 期，第 774～779 页。

周晓虹，2014，《转型时代的社会心态与中国体验》，《社会学研究》第 4 期，第 1～23 页。

朱婷婷、陶琳瑾、郑爱明，2014，《整合视野下宽恕心理的概念厘定与研究展望》，《南京医科大学学报》（社会科学版）第 5 期，第 367～371 页。

朱婷婷、王晓萍，2013，《Forgiveness（宽恕）概念解析及其中国式内涵初探》，《阴山学刊》第 3 期，第 12～15 页。

Cehajic, S., Brown, R., & Castano, E. (2008). Forgive and forget? Antecedents and consequences of intergroup forgiveness in Bosnia and Herzegovina. *Political Psychology*, 29 (3), 351 – 367.

Hall, J. H., & Fincham, F. D. (2005). Self-forgiveness: The stepchild of forgiveness research. *Journal of Social and Clinical Psychology*, 24 (5), 621 – 637.

Hewstone, M., Cairns, E., Voci, A., McLernon, F., Niens, U., & Noor, M. (2004). Intergroup forgiveness and guilt in Northern Ireland: Social psychological dimensions of "The Troubles". In N. R. Branscombe, & B. Doosje (Eds.), *Collective Guilt: International Perspectives* (pp. 193 – 215). Cambridge: Cambridge University Press.

Leyens, J. P., Demoulin, S., Vaes, J., Gaunt, R., & Paladino, M. P. (2007). Infrahumanization: The wall of group differences. *Journal of Social Issues and Policy Review*, 1 (1), 139 – 172.

Mccullough, M. E., Worthington, E. L., & Rachal, K. C. (1997). Interpersonal forgiving in close relationships. *Journal of Personality and Social Psychology*, 73 (2), 321 – 336.

Mullet, E., Girard, M., & Bakhshi, P. (2004). Conceptualizations of forgiveness. *European Psychologist*, 9 (2), 78 – 86.

Noor, M., Brown, J. R., Gonzalez, R., Manzi, J., & Lewis, C. (2008). On positive psychological outcomes: What helps groups with a history of conflict to forgive and reconcile with each other? *Personality and Social Psychology Bulletin*, 34 (6), 819 – 832.

Noor, M., Shnabel, N., Halabi, S., & Nadler, A. (2012). When suffering begets suffering the psychology of competitive victimhood between adversarial groups in violent conflicts. *Personality and Social Psychology Review*, 16 (4), 351 – 374.

Tam, T., Hewstone, M., Kenworthy, J., & Cairns, E. (2009). Intergroup trust in Northern Ireland. *Personality and Social Psychology Bulletin*, 35 (1), 45 – 59.

中国社会心理学评论　第 14 辑
第 96~110 页
© SSAP，2018

童年经历及当前压力感知对
人际信任的影响

周一骑　张梦璇　管　健*

摘　要：根据生命史理论，童年经历和当前的环境生存压力是对个体的生命策略产生影响的两个主要因素。本研究认为，人际信任也是一种生命策略使然，因此，可以从上述两个因素来探究人际信任的机制。从该理论出发，研究聚焦童年经历对成年后人际信任的影响及其中介机制，并考察与童年经历相比，对当前环境压力感知影响个体人际信任的程度以及二者是否存在关联。研究结果显示：①童年资源缺乏的个体比童年资源充足的个体在成年后人际信任水平低；②童年主观高社会经济地位个体比童年主观低社会经济地位个体成年后的人际信任水平高；③童年不稳定的个体比童年稳定的个体在成年后更缺乏安全感，人际信任水平弱；④个体对当前环境的压力感知会影响个体的人际信任，感知到当前环境的压力会降低个体的人际信任，但是并没有与童年资源、童年社会经济地位和童年不稳定性产生交互作用。重视儿童早期的成长环境，加强社会稳定有利于促进社会整体人际信任水平的提高，促进社会和谐健康发展。

关键词：童年经历　生命策略　安全感　人际信任

---

* 周一骑，男，南开大学周恩来政府管理学院教授；张梦璇，女，澳门大学社会科学学院心理学博士研究生；管健，女，南开大学周恩来政府管理学院教授。

一　引言

（一）　问题的提出

在进化心理学生命史理论中，童年时期的经历会使个体形成对所处环境的感知，这种对于环境的感知会进一步影响个体生命策略的选择，个体采取不同的生命策略对个体的心理的发展和行为的决策又有不同的影响。人际信任作为社会认知和社会决策行为的重要一部分，有研究者认为在社会生活中对他人投资信任资源需要一种为了长远利益而牺牲现在利益的动机。因此，信任作为一种决策行为，需要我们进行权衡和选择。同时，在影响信任的研究中，有研究认为家庭社会化和早期的社会经济地位是早期信任形成的重要因素（Michaelson，Chatham，& Munakata，2013）。信任他人这一社会决策行为是否与个体采取生命策略有关系？生命策略又是如何影响信任他人的这种行为决策？什么会影响这种行为决策？个体生存环境的变化如何影响个体人际信任的变化？这些问题需要进一步的研究探索。

（二）　研究假设

本研究又分为两个子研究：研究一重点关注童年经历对个体人际信任这一社会决策行为的影响；研究二进一步探索在动态变化的压力影响下，不同童年经历的个体在人际信任上是否有差异。

研究一旨在从生命史理论的角度出发，分析童年资源、社会经济地位和不稳定性对人际信任的影响，以及发现其中介机制。

生命史理论强调策略的选择和发展是对生物所处的生态环境因素的反应。这些生态环境因素包括资源线索和环境线索，其中环境线索又进一步细分为严酷性和不可预知性（Ellis，Figueredo，Brumbach，& Schlomer，2009），生物体选择生命策略的过程受到资源和环境的共同作用。由于童年经历的复杂性，研究从影响生命史的各种因素中选取童年资源、童年社会经济地位和童年不稳定性三个因素来考察，又考虑到童年资源因素和环境因素不可能单独存在，彼此存在一定的关系，社会经济地位和成长环境对人际关系有一定影响。

在涉及社会经济地位和成长环境对人际信任的影响中，有研究认为高信任感是幸运经验的副产品（王绍光、刘欣，2002）。如果幼年生长在恶劣的社区环境里，信任他人是十分冒险的；相反，成长于中上阶层的社区，信任感可能更容易产生。有研究表明，富人比穷人表现出更多的亲社会行为，没有表现出更多的自私行为（Andreoni, Nikiforakis, & Stoop, 2017）。然而有研究认为，对低社会阶层的个体比高社会阶层的个体展现出更多的信任行为（Lount & Pettit, 2012）。基于此，本研究想进一步分析童年不同社会经济地位个体成年后的人际信任水平是否有差异以及差异的方向。在生命史理论中，童年低社会经济地位意味着个体身心遭受更多的严酷性，例如，面对更多的死亡率和发病率、不稳定的外部环境等，这一系列问题都会促使个体快速采取策略，更容易形成不信任的内部工作机制，因此有可能会降低成年后的人际信任水平。有研究表明，父母的受教育水平、童年搬家经历以及与父母关系的满意度会影响大学生的人际信任水平（Yu, Yang, & Amp, 2016）。这也在一定程度上说明了童年经历与人际信任有着密不可分的关系。

在生命史研究中，生命策略对个体行为以及在社会态度等方面的解释中，通常从依恋关系和控制感等中介机制来考察童年经历以及童年环境的感知对个体成年后行为的影响，尤其是在社会生活中所表现的行为，但是不管从依恋关系还是从控制感，都能发现个体在成长过程中对环境感知到了不可控和不安全感，才会引起个体的某些行为表现。心理不安全感使个体处在对潜在威胁的焦虑状态，这种状态会使个体更加倾向于寻求风险。有研究者认为，早期经历所塑造的安全感可能是影响个体成年后面对环境变化而产生亲社会行为还是不道德行为的原因（彭芸爽等，2016）。安莉娟和丛中（2003）认为，安全感是对可能出现的对身体或心理的危险和风险的预知，以及个体在应对处置时的有力/无力感，主观表现为确定感和可控感。但是以前的众多研究中的安全感仅仅从依恋关系来考虑，而在本研究中的安全感更多理解为对未来的确定感和可控感。

有研究者认为，个体安全感的形成与童年家庭环境经历有重要关系，尤其是父母关系和教养方式。Sarah（2016）认为，父母共同养育的支持行为有利于心理安全感的形成。也有研究中表明，流动儿童的安全感在幸福感和社会排斥方面起着完全中介作用，并且流动儿童感知到的安全感显著低于城市流动儿童（师保国、徐玲、许晶晶，2009）。人际关系的质量影响儿童的安全感，在家庭中，父母关系作为最重要的人际关系之一对儿童的认知和行为的发展有重要的影响，不稳定或者有压力的家庭环境容易使儿童产生内化问题，在女孩身上表现得更为明显（王明忠等，2014）。因此儿童早期的成长环境也会影响个体安全感的形成和发展。

基于以上讨论提出研究一的假设如下：

假设1：童年资源、童年社会经济地位和童年不稳定性之间存在相关关系。

假设2：童年低社会经济地位的个体比童年高社会经济地位的个体的人际信任水平低。

假设3：童年资源、童年社会经济地位和不稳定性会影响个体成年后的人际信任。

假设4：安全感可作为童年资源、社会经济地位和不稳定性与成年后人际信任的中介机制。

研究二引入当前环境压力这一变量，通过行为实验主要考察不同童年经历的个体在当前不稳定或者压力情况下信任水平的差异。因为除了童年压力之外，当前的环境不稳定造成的生存压力也会对个体的生命策略产生影响。根据生命策略研究的敏感性模型，童年环境对个体的影响在当前环境遇到压力或不稳定情境中更容易体现。有研究证明，童年不同社会经济地位的个体在面对显性压力时更容易显现童年经历对自身当前决策的影响，采取不同的生命策略（Griskevicius, Tybur, Delton, & Robertson, 2011）。同时又由于个体的风险知觉影响人际信任水平，所以个体感知到的风险越大，人际信任水平就会越低，压力情景使个体产生更高的风险感知，会对个体的信任水平造成影响。

基于以上分析，本研究提出假设如下：

假设5：压力感知会改变个体的人际信任水平。

假设6：童年资源缺乏、低社会经济地位和不稳定的个体在压力情境下比童年资源充足、高社会经济地位和稳定的个体表现出更低的人际信任。

二　童年经历对人际信任的影响

（一）被试

研究采取方便抽样的方法，从南开大学选取 230 名学生为被试。共计发放问卷 230 份，回收有效问卷 226 份，有效回收率为 98.26%。其中，男性被试 52 人（23%），女性被试 174 人（77%）。被试专业主要是文科专业（93 人，41.2%）、理科专业（128 人，56.6%）和工科专业（5 人，2.2%）。年级分布主要为，大一学生 97 人（42.9%），大二学生 126 人（55.8%），其他年级学生为 3 人（1.3%）。在所有被试中，73 人（32.3%）来自农村地区，153 人（67.7%）来自城市地区。被试的人口学信息如表 1 所示：

表 1　被试的人口学变量分布

变量	类别	人数
性别	男	52
	女	174
专业	文科	93
	理科	128
	工科	5
年级	大一	97
	大二	126
	其他	3
家乡类型	农村	73
	城市	153

（二）研究工具

研究主要采用问卷的形式进行数据收集，根据测量内容的不同，问卷中包含了童年主客观社会经济地位、童年资源、童年不稳定性、人际信任量表和安全感量表等方面。同时为了控制当前社会经济地位的影响，还测量了被试现在的社会经济地位。

童年社会经济地位分为主观和客观两部分，主观社会经济地位根据众多研究采用的三个条目的七级量表，分别是"在我成长过程中，我家里有足够的钱来购买东西；我成长在一个相对富裕的社区；与学校其他孩子相比，我比较富裕"。研究中证明该量表具有较高的一致性系数（$\alpha = 0.82$）。客观社会经济地位由于个体童年的家庭收入很难正确回忆和确定，所以对客观社会经济地位的测量主要根据师保国等人在文献中采用的标准，由被试报告自己在童年时期父母的职业和受教育水平，并根据赋值标准来合成（师保国、申继亮，2007），进一步确定客观的社会经济地位。

童年资源在生命史的一系列研究中均没有相对成熟和合适的量表，根据生命史理论对童年资源的界定，参考了 Wadsworth 和 Compas（2002）经济压力量表以及王建平、李董平和张卫（2010）对其的改编，采用四个项目从衣、食、住、行四个方面对被试的童年家庭资源进行测量，本研究中量表的一致性系数高达 0.88。

在生命史理论中，童年的不稳定性通常用职业地位的改变、搬家情况和父母离异情况等家庭不稳定因素来表示（Szepsenwol, Simpson, Griskevicius, & Raby, 2015）。根据生活经历量表（life experience survey）条目中的三个方面进行改编并测量，主要测量童年经历中对家庭不稳定因素和家庭压力的感知。改编后的量表在本研究中的一致性系数为 0.90。

人际信任的测量选用 Rotter 编制的人际信任量表（ITS），量表分为普遍信任和特殊信任两个维度，共 25 个项目。用来测量个体对他人行为、承诺或（口头和书面）陈述的可靠性的估计。量表采用 5 级计分法，被试得分越高，表示其人际信任水平越高。本研究中量表具有较高的一致性系数（α = 0.82）。

安全感测量根据安莉娟和丛中（2003）编制的安全感量表，主要分为确定与控制感和人际安全感两个维度，共 16 个项目。本研究中量表的一致性系数为 0.83。

所有问卷均由被试自主填写，对于收集得到的数据，使用 SPSS22.0 软件进行统计分析。

（三）结果

1. 各个变量之间的描述性统计和相关分析

对于研究中被试群体的各个变量，即童年主观社会经济地位、童年客观社会经济地位、童年资源、童年不稳定性、人际信任、安全感以及人口学变量之间的皮尔逊相关情况见表 2。

结果显示，在童年经历的各个变量中，童年客观社会经济地位和童年资源呈正相关，相关系数为 0.28，与童年的不稳定性没有显著相关关系。童年主观社会经济地位与童年资源有显著的正相关关系（r = 0.40），与童年的不稳定性呈负相关，相关系数为 -0.20。童年资源与童年的不稳定性有显著的负相关关系（r = -0.41），除了童年客观社会经济地位和童年稳定性之间没有显著相关关系外，童年经历中的其他变量之间都有显著的相关关系，所以假设 1 成立。

研究也发现，个体现在主观的社会经济地位也与童年的主观社会经济地位、客观社会经济地位和童年资源呈正相关，与童年不稳定性呈负相关，可见童年经历与当前的社会经济地位存在一定关系。

人际信任和童年的主客观社会经济地位均没有显著相关关系，人际信任与童年资源呈正相关，相关系数为 0.15，与童年不稳定性呈显著的负相关（$r = -0.20$）。

安全感与童年客观社会经济地位之间没有显著相关关系，与童年主观社会经济地位和童年资源有显著的正相关关系，相关系数分别为 0.30 和 0.19，与童年不稳定性呈显著的负相关（$r = -0.20$）。

同时，在研究中也可以看出，安全感和人际信任呈显著的正相关，相关系数为 0.37。

表 2　童年经历、安全感、人际信任等变量间的描述统计和相关矩阵

	M	SD	现在主观 SES	童年客观 SES	童年主观 SES	童年资源	童年不稳定性	人际信任	安全感
现在主观 SES	11.61	3.85	1						
童年客观 SES	13.45	4.21	0.36 **	1					
童年主观 SES	10.57	4.11	0.69 **	0.44 **	1				
童年资源	10.41	5.79	0.33 **	0.28 **	0.40 **	1			
童年不稳定性	12.43	5.45	-0.17 **	-0.11	-0.20 **	-0.41 **	1		
人际信任	75.71	9.19	0.11	0.05	0.13	0.15 *	-0.20 **	1	
安全感	50.69	10.01	0.30 **	0.90	0.30 **	0.19 **	-0.20 **	0.37 **	1

＊表示 $p < 0.05$，＊＊表示 $p < 0.01$。

2. 童年高、低社会经济地位的个体成年后人际信任水平差异

在上面的研究中，童年的主客观社会经济地位与人际信任都没有显著的相关关系。为了检验童年不同社会经济地位的个体成年后的人际信任水平是否有差异，在本研究中首先对主观和客观社会经济地位进行了分组，参考 Griskevicius 等人（2011）在研究中对童年社会经济地位的分组方式将大于平均数一个标准差的个体分为高社会经济地位组，将小于平均数一个标准差的个体分为低社会经济地位组，并进行独立样本 t 检验，统计变量和结果见表 3。结果显示，客观高、低社会经济地位的群体在人际信任水平上没有显著的差异，而主观高、低社会经济地位的群体在人际信任上有显著差异。接下来对主观高、低社会经济地位对人际信任的差异进行效应量检验，计算出效应量 Cohen $d = 0.3$，为中等效应。这在一定程度上可以解释童年主观高社会经济地位的个体比主观低社会经济地位的个体人际信

任水平高，由此可知，假设 2 成立。

表 3　高、低客观社会经济地位人际信任差异

	高（$M \pm SD$）	低（$M \pm SD$）	t
客观 SES – 人际信任	74.27 ± 9.56	75.81 ± 8.85	− 1.9
主观 SES – 人际信任	77.18 ± 9.71	73.08 ± 9.71	0.21*

＊表示 $p < 0.05$，＊＊表示 $p < 0.01$。

3. 童年经历、安全感以及人际信任的回归分析

为了验证童年经历中的三个变量即童年资源、童年社会经济地位、不稳定性对成年后人际信任的影响以及安全感在其中的中介效应，结果如表 4 所示：

表 4　安全感在童年经历各变量对成年后人际信任的中介效应检验

步骤	自变量	因变量	β	t	R^2
第一步	童年客观 SES	人际信任	− 0.45	− 0.67	0.002
	童年主观 SES	人际信任	0.13	1.88	0.02
	童年资源	人际信任	0.15	2.33*	0.02
	童年不稳定性	人际信任	− 0.20	− 2.99**	0.04
第二步	童年资源	安全感	0.19	2.84**	0.04
	童年不稳定性	安全感	− 0.20	− 3.07**	0.04
第三步	童年资源	人际信任	0.09	1.39	0.15**
	安全感		0.36	5.63**	
	童年不稳定性	人际信任	− 0.13	− 2.00*	0.15**
	安全感		0.35	5.50**	

＊表示 $p < 0.05$，＊＊表示 $p < 0.01$。

对于中介效应的检验，研究采用 Baron 和 Kenny（1986）提出的逐步法（Causal Steps Approach）进行检验。

第一步，要验证自变量对因变量的作用，首先对各个变量进行标准化处理，分别以童年主观社会经济地位、童年客观社会经济地位、童年资源和童年不稳定性为预测变量对人际信任进行回归分析。结果表明，童年资源对成年后的人际信任有正向预测作用，童年不稳定性对成年后的人际信任有显著的负向预测作用。童年的主观社会经济地位和客观社会经济地位均没有显著的预测作用，则说明假设 3 部分成立。而童年社会经济地位的

不显著则说明安全感不起中介效应，停止检验。

第二步，进行童年资源和童年不稳定性与中介变量安全感的回归方程检验。结果显示，童年资源对安全感有显著的正向预测作用（$t = 0.19$，$p = 0.007 < 0.01$），童年不稳定性对安全感有显著的负向预测作用（$t = -0.20$，$p = 0.003 < 0.01$）。这在一定程度上可以说明童年资源和稳定性在一定程度上影响个体成年后的安全感。

第三步，将自变量和中介变量同时作为因变量的预测变量。在第一组模型中，虽然中介变量安全感对人际信任有显著的正向预测作用，但是童年资源对人际信任没有显著的预测作用，所以进行 Sobel 检验。结果 $t = 0.024$，$p = 0.49$，也不存在显著关系，所以中介效应不成立。在第二组模型中，自变量童年不稳定性对成年后的人际信任有显著的正向预测作用，中介变量安全感对成年后的人际信任有显著的负向预测作用。安全感在童年不稳定对成年后人际信任影响的中介效应成立，童年社会经济地位、童年资源对成年后人际信任的中介效应不成立。所以，假设 4 部分成立。

三　当前压力感知对不同童年经历 个体人际信任的影响

（一）被试

本研究被试为 119 名南开大学本科生，所有被试都通过了实验并得到一份小礼物。

在参与实验的被试中，男性被试 30 人（25.2%），女性被试 89 人（74.8%）。被试专业主要是文科专业（47 人，39.5%）、理科专业（68 人，57.1%）和工科专业（4 人，3.4%）。年级分布主要为，大一学生 60 人（50.4%），大二学生 58 人（48.7%），其他年级学生为 1 人（0.8%）。在所有被试中，37 人（31.1%）来自农村地区，82 人（68.9%）来自城市地区。

（二）研究过程

本研究采取被试间设计，所有被试被随机分配到两个实验条件下，分别为压力条件和控制条件。每组被试均先报告童年主观社会经济地位、童年资源和童年不稳定性，并观看两组视频的其中一个，第一个视频用于启动压力条件，第二个用作控制条件。观看完视频后，被试报告其压力水平并回答有关信任情况的相关问题。为了防止被试对实验目的的猜测而产生误差，在实验前被试均没有被告知实验的真正目的，而是被告知实验是对情绪等问题的考察。

（三）实验材料

压力情景启动材料根据 Griskevicius 等人（2011）在实验中所采取的材料进行一定的调整，前人的研究均是靠文字材料启动的，但是考虑到文字材料的规范性，本研究采取视频进行启动，给被试更好的视觉和心理感受。压力条件下的启动材料选取的是中央电视台《朝闻天下》对大学生当前就业压力状态的报道，视频中均有新闻来源的相关信息，展现其新闻的真实性。控制条件下选用的视频是时长和启动条件相同的城市宣传片。

为了检验启动材料能否唤起被试的个体压力和不安全感的状态，为此在本研究正式实验之前进行了预实验，预实验的对象均为南开大学研究生，实验共有 16 人，一半观看就业压力视频，一半观看控制条件下的视频。观看完视频后，回答以下问题：这个视频在多大程度上让你认为生活将会变得不安全？这个视频在多大程度上会让你觉得生活的变化是不可预测的？这个视频在多大程度上会让你觉得生活是不确定的？这个视频在多大程度上会影响你的情绪？所有问题均使用 1（完全没有）到 7（完全影响）的 7 点量表进行计分。

对预实验的结果进行了独立样本 t 检验，结果显示，与控制条件下的视频对比，压力条件下的视频与控制条件下的视频差异显著，说明压力条件下的视频会引起被试对环境的不安全感、不可预测性，提高个体的压力感知。因此，实验能达到启动效果，具体数据结果见表 5。

表 5　启动材料预实验独立样本 t 检验结果

	压力条件（$N=8$）		控制条件（$N=8$）		t	p
	M	SD	M	SD		
不安全感	5.50	0.76	2.13	0.64	9.63	0.000
不可预测	5.38	0.74	2.12	0.64	9.36	0.000
不确定	5.63	0.52	2.25	0.88	9.30	0.000
情绪影响	3.63	0.74	3.13	0.35	1.71	0.11

本研究采用问卷形式的投资博弈任务测量人际信任水平。根据研究基本范式和池丽萍（2013）在研究中呈现的形式形成以下指导语："现在假

设你和一个陌生人（我们称之为 A）各有 100 元人民币，你可以选择送一些钱给 A，你所送的金额可以是 1 元、2 元……或者 100 元（具体送多少，你自己决定）。当你决定送 n 元人民币给 A 时，他将会获得的金钱是你送出钱数的 3 倍。在得到这些人民币后，A 可能会选择返还给你一些钱，他可能会返还你 0 元、1 元、2 元……或者 200 元（返还多少，由 A 决定）。例如，如果你决定送 50 元钱给 A，他将会得到 150 元，他可以选择返还给你 0 元到 150 元间的任何数量的人民币，具体返还多少钱由 A 决定。"记录被试送出的金额和估计返还的金额，作为人际信任的评判标准。

对童年经历的测量，和研究一中选取的标准基本一致，主要考察童年经历、童年主观社会经济地位和童年不稳定性。

本研究收集的结果均使用 SPSS 22.0 进行数据分析。

（四）结果

1. 描述性统计及各变量间的相关系数

人际信任所代表的两个变量送出金额和估计返还与童年主观社会经济地位和启动材料均有显著的相关关系，送出金额与启动材料和童年主观社会经济地位的相关系数分别为 0.19 和 0.20，估计返还与启动材料和童年主观社会经济地位的相关系数为 0.25 和 0.19。送出金额和估计返还呈显著的正相关关系（$r = 0.80$）。而童年资源和童年不稳定性与送出金额和估计返还之间均没有显著相关关系。具体信息参考表 6。

表 6　各变量的描述统计和各变量间的相关分析结果

	M	SD	压力情景	童年 SES	童年资源	童年不稳定性	送出金额	估计返还
压力情景			1					
童年 SES	10.74	4.09	0.11	1				
童年资源	10.01	5.57	0.28 **	0.47 **	1			
童年不稳定性	12.24	5.22	0.25 **	- 0.35 **	- 0.44 **	1		
送出金额	46.10	27.43	0.19 *	0.20 *	0.06	- 0.20	1	
估计返还	73.64	57.77	0.25 **	0.19 *	0.08	- 0.05	0.80 **	1

＊$p < 0.05$，＊＊$p < 0.01$。

2. 性别的组间差异

通过独立样本 t 检验，首先检验了送出金额和估计返还人际信任两个方面的性别差异，结果显示，不管是在送出金额还是估计返还上，性别之间有显著的差异，性别差异在送出金额方面，$t = 2.56$，$p = 0.012 < 0.05$；在估计返还方面，$t = 2.65$，$p = 0.009 < 0.01$。具体结果见表 7。结果同以往研究得出的结论相同，女性比男性的人际信任水平要低。因此，在接下来的研究中需要进一步控制性别变量对人际信任的影响。

表 7　性别在人际信任两个维度上的独立样本 t 检验

	男性（30人）		女性（89人）		t	p
	M	SD	M	SD		
送出金额	56.97	31.33	42.44	25.14	2.57	0.012
估计返还	97.23	78.22	65.69	46.95	2.65	0.009

3. 童年经历、压力启动在人际信任上的回归分析

在对童年经历、压力感知和人际信任之间的关系研究中，通过调节回归分析，在控制性别的情况下对童年资源、童年社会经济地位和童年不稳定性与压力情境启动在人际信任中的两个变量——送出金额和估计返还的交互作用进行分析。结果表明（见表 8），压力情境在送出金额和估计返还方面存在显著的主效应，分别为 $t = -2.36$，$p = 0.02 < 0.05$ 和 $t = -3.16$，$p = 0.002 < 0.01$。也就是说，压力情境会改变个体的人际信任水平，个体的人际信任水平在压力条件下的个体显著低于控制条件下的个体，所以假设 5 成立。

但是，在考察是否与个体的童年经历有差异时，不管是在送出金额还是估计返还方面，童年资源、童年主观社会经济地位和童年不稳定性与压力情境启动的交互作用都不显著，所以结果并不能说明不同童年经历的个体在压力情境启动下，人际信任水平会产生差异。所以，假设 6 不成立。

表 8　童年经历、压力启动在对人际信任上的回归分析

	送出金额				估计返还			
	R^2	β	t	p	ΔR^2	β	t	p
步骤 1	0.097**				0.136**			
性别		-0.23	-2.57	0.012		-0.24	-2.65	0.009
压力情景		0.22	-2.36	0.02		0.29	-3.16	0.002
童年 SES		0.26	2.48	0.01		0.26	2.59	0.01
童年资源		0.05	0.44	0.66		0.05	0.48	0.63
童年不稳定性		0.17	1.68	0.09		0.22	2.24	0.30

续表

	送出金额				估计返还			
	R^2	β	t	p	ΔR^2	β	t	p
步骤 2	0.103				0.148			
童年主观 SES × 压力情景		0.26	0.79	0.43		0.36	1.14	0.26
童年资源 × 压力情景		0.12	0.38	0.71		0.28	0.84	0.40
童年不稳定性 × 压力情景		-0.13	-0.42	0.67		-0.22	-0.08	0.94

$*p < 0.05$，$**p < 0.01$。

四　总结与展望

本研究从生命史理论的角度出发，将生命策略和人际信任这一社会决策行为进行联系和考察，在一定程度上不断扩展生命史理论的研究领域，进一步将生命史理论与社会心理相联系。研究发现，童年资源对个体成年后的人际信任水平有显著的正向预测作用，童年资源缺乏的个体比童年资源充足的个体成年后的人际信任感显著降低；童年主观高、低社会经济地位个体成年后的人际信任水平差异显著，童年主观高社会经济地位比童年主观低社会经济地位成年后人际信任水平高；童年不稳定对个体成年后的人际信任水平有显著的反向预测作用，且安全感起到中介作用，童年不稳定的个体比童年稳定的个体在成年后更缺乏安全感，人际信任水平弱；个体对当前环境的压力感知会影响个体的人际信任，感知到较大压力的个体会降低人际信任。这些结果对于理解个体信任的塑造机制具有启发作用。

本研究也存在缺陷，由于研究范围和时间等的限制，需要进行后续深入的研究，这主要表现在以下三个方面。首先，对客观社会经济地位的考察不足。在调查中显示，由于职业分布的复杂性，本研究中对于职业的分类在一定程度上没有准确的区分，对结果造成一定的影响。在收入调查中，大部分群体没有回答这个问题或回答不准确，导致本研究没有对收入进行考察。对于社会经济地位的考察还是应该选择更合适的标准，只对父母职业和受教育程度进行考察有一定的片面性。其次，对人际信任理解应该进一步深入，在选择测量和研究问卷的过程中还需要慎重考察，同时由于各个问卷的理论基础可能有差异，虽然测量的是同一行为，但是在具体的操作上可能会有很大差异。研究二对人际信任的考察过于单一，也可能是假设没有得到验证的原因之一。最后，研究对象有局限。为了控制其他变量的影响，本研究采用了大学生群体，但是在一定程度上也造成了样本的单一。在控制其他变量影响的同时应该进一步扩大研究群体，从而加强结果的解释力。

参考文献

安莉娟、丛中，2003，《安全感研究述评》，《中华行为医学与脑科学杂志》第 6 期，第698～699 页。

池丽萍，2013，《信任：父母的代内相似和亲子的代际传递》，《心理学报》第 3 期，第336～344 页。

彭芸爽、王雪、吴嵩、金盛华、孙荣芳，2016，《生命史理论概述及其与社会心理学的结合——以道德行为为例》，《心理科学进展》第 3 期，第 464～474 页。

师保国、申继亮，2007《家庭社会经济地位、智力和内部动机与创造性的关系》，《心理发展与教育》第 1 期，第 30～34 页。

师保国、徐玲、许晶晶，2009，《流动儿童幸福感、安全感及其与社会排斥的关系》，《心理科学》第 6 期，第 1452～1454 页。

王明忠、范翠英、周宗奎、陈武，2014，《父母冲突影响青少年抑郁和社交焦虑——基于认知情境理论和情绪安全感理论》，《心理学报》第 1 期，第 90～100 页。

王建平、李董平、张卫，2010，《家庭经济困难与青少年社会适应的关系：应对效能的补偿、中介和调节效应》，《北京师范大学学报》（社会科学版）第 4 期，第 22～32 页。

王绍光、刘欣，2002，《信任的基础：一种理性的解释》，《社会学研究》第 3 期，第23～39 页。

Andreoni, J., Nikiforakis, N., & Stoop, J. (2017). Are the Rich More Selfish than the Poor, or Do They Just Have More Money? A Natural Field Experiment. *NBER Working Paper* (No. w23229).

Baron, R. M., & Kenny, D. A. (1986). The moderator-mediator variable distinction in social psychology research: Conceptual, strategic and statistical considerations. *Journal of Personality & Social Psychology*, 51 (6), 1173–1182.

Ellis, B. J., Figueredo, A. J., Brumbach, B. H., & Schlomer, G. L. (2009). Fundamental dimensions of environmental risk: The impact of harsh versus unpredictable environments on the evolution and development of life history strategies. *Human Nature*, 20 (2), 204–268.

Griskevicius, V., Tybur, J. M., Delton, A. W., & Robertson, T. E. (2011). The influence of mortality and socioeconomic status on risk and delayed rewards: A life history theory approach. *Journal of Personality & Social Psychology*, 100 (6), 1015–26.

Lount Jr, R. B., & Pettit, N. C. (2012). The social context of trust: The role of status. *Organizational Behavior & Human Decision Processes*, 117 (1), 15–23.

Michaelson, L. , Vega, A. D. L. , Chatham, C. H. , & Munakata, Y. (2013). Delaying gratification depends on social trust. *Frontiers in Psychology*, 4 (355), 355.

Rotter, J. B. (1967). A new scale for the measurement of interpersonal trust. *Journal of Personality*, 35 (4), 651 – 665.

Sarah. S. (2016). Screen-smart parenting: How to find balance and benefit in your child's use of social media, apps, and digital devices. *Journal of Developmental & Behavioral Pediatrics*, 37 (7), 600.

Szepsenwol, O. , Simpson, J. A. , Griskevicius, V. , & Raby, K. L. (2015). The effect of unpredictable early childhood environments on parenting in adulthood. *Journal of Personality & Social Psychology*, 109, pages. 1045 – 1067.

Wadsworth, M. E. , & Compas, B. E. (2002). Coping with family conflict and economic strain: The adolescent perspective. *Journal of Research on Adolescence*, 12 (2), 243 – 274.

Yu S. , Yang Q J. , & Amp E. , (2016). The relationship between interpersonal trust and family experience of college students. *China Journal of Health Psychology*, 24 (11): 1710 – 1713.

中国社会心理学评论　第 14 辑
第 111~128 页
© SSAP，2018

社会信任与家庭幸福感的关系初探

——基于中国家庭幸福感热点问题调查数据的研究*

王　磊**

摘　要：近年来，社会信任问题备受各界关注，民众对家庭幸福感的追求也日渐高涨，但尚未发现直接探讨社会信任与家庭幸福感之间关系的国内研究文献。本研究基于 2014 年中国家庭幸福感热点问题调查数据，描述并分析了我国民众社会信任状况和特征，探讨了社会信任与家庭幸福感的关系。结果发现：不同年龄、婚姻状态和健康自评状况群体的社会信任程度存在显著差别；信任他人与被他人信任之间存在显著正相关关系；社会信任呈现"差序格局"，对制度的社会信任较高；社会信任更高的人拥有更高的家庭幸福感，被他人信任的人的家庭幸福感也显著更高。本研究能够促进人们对当前中国社会信任问题的理解，启发人们从社会信任角度提升家庭幸福感、推进家庭建设的研究思路。

关键词：社会信任　家庭幸福感　家庭建设

一　问题的提出

改革开放以来，我国在经济快速发展的同时社会转型也在不断推进。

　＊　本研究系中国人口宣传教育中心与中国社会科学院合作项目"2014 年中国家庭幸福感热点问题调查"成果之一。
　＊＊　王磊，男，中国社会科学院人口与劳动经济研究所副研究员。

随着人口流动规模的扩大和人口流动频率的提高，传统熟人社会逐渐解体，原有社会信任模式被打破，但新型社会信任模式尚未建立，致使社会转型期诸多社会信任问题频发。例如，因土地、拆迁纠纷等诱发的群体性上访、冲突事件激增；公众对食品安全、环境污染等公共社会安全问题的忧虑和愤怒加剧；医患矛盾与纠纷对普通民众和医务工作者的困扰与伤害加深；网络、电信、金融等诈骗案件频发，甚至发生了大学生通过招聘网站求职被非法传销组织控制和杀害和老年人被骗失去养老积蓄与居住房屋的悲剧；等等。社会信任问题的影响非常深刻和广泛，急需包括政府、社会各界和民众在内的所有力量紧密配合、形成合力，共同应对与解决。

个体间的信任可以划分为个人化信任（personalized trust）和一般化信任（generalized trust），前者是那些来自反复多次的人际交往的信任，即对认识的人的信任；而后者是那些基于对象群体的构成、动机、教养等一般性知识产生的信任，即对陌生人或者社会上大多数人的信任，即社会信任（social trust）（Durlauf & Fafchamps，2005）。社会信任水平的高低与社会稳定及和谐紧密相关。家庭是社会的基本单元，社会稳定及和谐与家庭幸福之间具有天然关联，社会信任对家庭幸福至少存在间接影响。以马克斯·韦伯为代表的一些西方学者认为，传统中国家族主义文化意识浓厚，更加信任家人、亲人或与自己有关系的人，对外人或陌生人缺乏信任，他们据此认为，中国人的社会信任程度很低（董才生，2004）。

党的十八大以来，面对社会转型期的新形势和新问题，我国领导层特别强调和努力践行"依法治国"。广大人民群众的社会信任状况不仅影响到社会整体的稳定与和谐，也会通过每一个社会个体对每一个家庭的稳定、和谐与幸福产生深刻影响。一方面，广大人民群众对家人、邻居、外来人口、政府、警察、法官等的信任状况或信任程度，将直接或间接地影响"依法治国"战略目标的实现。另一方面，无论对个体处理家庭关系、社会关系，还是工作、生活、思考问题，社会信任状况都存在直接或间接的影响，个体社会信任程度高将能够促进家庭成员关系融洽、减少社会互动成本，有利于社会稳定与和谐。

那么，当前民众的社会信任状况和整体水平如何？民众对各类人群、社会组织或信息的信任程度究竟如何？民众的社会信任与家庭幸福感之间是否有关系？如果有关系，二者之间的具体关系是什么样的？以上这些问题是本文试图分析研究和回答的问题。

二　文献综述

（一）社会信任

当代中国的社会信任水平如何，发生了怎样的变化？郑永年等人认为，当今中国信任危机弥散在整个社会的各个方面，不仅存在于不同人群、阶层和行业之间，也不同程度地存在于每个社会细胞内部。当前信任危机存在三个维度：政府和民众之间的信任；市场利益主体之间的信任；一般社会成员的信任（郑永年、黄彦杰，2011）。朱虹等人的发现与郑永年的判断一致：社会转型时期中国社会处于低信任水平，并且，他们还发现人们对未来社会信任的预期比较悲观。民众对政府信任程度最高，但制度信任尚未完善，尚未成为社会信任的基石（朱虹，2011）。邹宇春等人发现，个体对自然人的信任和对制度的信任均存在等级差异，个体对自然人的信任程度要低于对制度的信任（邹宇春、敖丹、李建栋，2012）。当然，也有不同的发现，比如，杨明等人的研究认为，与世界其他国家和地区相比，中国是一个具有高社会信任程度的国家（杨明、孟天广、方然，2011）。不过，总体而言，包括学界在内的社会各界更倾向于认为，当前我国社会信任水平较低、社会信任问题突出。

什么因素对我国民众社会信任产生影响，影响机制具体如何？已有研究发现，社会交往方式的变化促使社会信任由传统的人格信任向现代的系统信任转变，而系统信任建立在正式的合法的社会规章制度的基础上（马俊峰、白春阳，2005）。个人因素、社区因素、社会因素都对民众社会信任水平存在显著影响，比如，年龄越大、单身、有除工作外的其他收入来源、有宗教信仰、担任管理人员、职业变动越少、越乐观、对生活或工作的满意度越高的居民的社会信任水平越高（李涛等，2008）。年龄和教育水平是影响我国民众社会信任水平的重要因素（杨明、孟天广、方然，2011），高等教育能有效促进社会信任的形成，中国已经很好地释放了高等教育的经济效应，有效地通过改善个体的经济社会地位而提高社会信任水平（黄健、邓艳华，2012）。收入不平等和民众社会信任之间也存在显著相关关系，收入差距对社会信任产生不利影响（白锐、罗龙真，2014）。公共资源供给不足会导致人们之间的不信任程度加剧，且对于在争夺中处于较弱势地位的群体来说这种效应表现得更为明显（史宇鹏、李新荣，2016）。可以发现，制度、经济、教育和年龄等宏观及微观因素对社会信任产生了深刻的影响。

采取怎样的措施才能够促进社会信任水平？研究发现，市场化扩大了人际信任的范围，无论是熟人间的社会交往还是社团性的社会交往对社会信任都有显著的影响，人际交往的范围扩大和频率增加，有望提高整体社会的信任度（唐有财、符平，2008）。减少社会外部风险的制度建设（如完善社会保障制度和产权制度）对提高社会信任水平也有促进作用（李彬、史宇鹏、刘彦兵，2015）。提高公共资源的供给水平、完善公共资源的分配规则以解决教育难等民生问题，是提升我国居民社会信任水平，特别是提升弱势群体的社会信任水平的有效途径（史宇鹏、李新荣，2016）。

社会信任有哪些影响？研究发现，社会信任对中国农村劳动力流动有负向影响，这种影响会随着市场化程度的提高而减弱（高虹、陆铭，2010）。社会信任通过具体的中间传输机制影响基层社区治理效应，普遍信任对选举质量产生显著的正面影响，特殊信任对选举质量和业委会建立产生显著的负面影响（陈捷、呼和那日松、卢春龙，2011）。社会信任对农户参与农村公共产品供给意愿有显著促进作用（蔡起华、朱玉春，2015）。

（二）家庭幸福感

幸福感一般指人们对当前生活满意度的主观评价（Diener，2000）。幸福感是个体通过对实际生活状态和理想生活状态的比较而产生的肯定态度和积极感受，其特点是主观性、积极性和综合性。

幸福感的影响因素难以穷尽，一般可分为个体因素和家庭、社区或国家等中观及宏观层次的影响因素。其中，个体因素包括性别、年龄、婚姻、职业、受教育程度、经济收入、健康状况和宗教信仰等（边燕杰、肖阳，2014）。宏观因素主要包括经济增长或国民收入（刘军强、熊谋林、苏阳，2012）和社会公平（陆铭、蒋仕卿、佐藤宏，2014）等。

家本位是中国传统社会的核心价值观，家庭幸福也是中国人的普遍追求。虽然国内学术界尚未明确界定过家庭幸福感的概念，但是研究人员对家庭幸福感开展了比较长时期的跟踪研究，[1] 取得了一些重要成果。[2] 另外，已有研究还从经济因素、家庭关系、家庭压力和家庭成员个体欲望

---

[1] 以中国人口宣传教育中心和中国社会科学院人口与劳动经济研究所为主要参与单位的研究团队自 2011 年起连续 5 年就中国家庭幸福感热点问题展开调查研究。

[2] 中国人口宣传教育中心、中国社会科学院人口与劳动经济研究所，2015，《让幸福也成为一种常态——2014 年中国家庭幸福感热点问题调查报告》，《人口与计划生育》第 5 期；中国人口宣传教育中心、瞭望周刊社、中国社会科学院人口与劳动经济研究所主编，2015，《中国家庭幸福感热点问题调查报告》（2011—2013 年），北京：新华出版社。

（徐安琪，2012），家庭住房（杨凡，2015），夫妻职业相对地位（陶涛、李丁，2015）等角度探查家庭幸福感的影响机制。

随着近年来国家生育政策的连续转变，学界开始研究生育行为与家庭幸福感的关系。王伟等人的研究发现，80后居民的幸福感随兄弟姐妹数量增加而显著降低；在兄弟姐妹中，哥哥数量是幸福感降低的最重要因素；对于46～55岁的中老年人来说，孩子数量减少并没有降低其幸福感（王伟、景红桥、张鹏，2013）。穆峥和谢宇的研究发现，在中国之前严格的独生子女政策下，在特定条件下得以生育二胎给个人带来更高的主观幸福感（穆峥、谢宇，2014）。与穆峥和谢宇的发现不尽相同，王钦池的研究发现，政策外生育行为并没有提高幸福感，子女数量对幸福感的影响是非线性的，子女的性别结构和性别次序对父母幸福感均有影响。同时，他指出欧美国家的已有研究大多认为生育行为对幸福感的影响是负面的（王钦池，2015）。可以发现，究竟是"孩子数量减少没有降低46～55岁中老年人幸福感"，还是"特定条件下得以生育二胎给个人带来更高的主观幸福感"，抑或是"政策外生育行为并没有提高幸福感"？这些不尽一致甚至有些矛盾的发现说明国内学界就生育行为与家庭幸福感的关系尚无统一认识。

（三）社会信任与家庭幸福感的关系

有研究发现，在当下中国，公民对政府的信任是直接影响主观幸福感的最稳定因素（祁玲玲、赖静萍，2013）；社会信任与公众主观幸福感存在正相关关系，但关系不显著（刘明明，2016）。但是，目前尚未发现直接考察社会信任与家庭幸福感之间关系的国内研究文献。不过，有研究发现，对生活或工作满意度越高的居民的社会信任水平越高（李涛等，2008）。笔者认为，幸福感与满意度是联系比较密切的概念。既然社会信任和工作或生活满意度之间存在正相关关系，那么，社会信任与家庭幸福感之间可能也存在正相关关系。

三　数据与方法

（一）数据

本研究使用的数据来自中国人口宣传教育中心和中国社会科学院人口与劳动经济研究所开展的"2014年中国家庭幸福感热点问题调查"，该调查按照不同地区经济、社会和人口发展状况，抽取江苏、湖北、陕西3个省的 9 个县级单位作为全国概率抽样样本点，采用调查员直接入户方式进行现场调查。

实地调查每个省的样本量是 1200 份，总样本量为 3600 份，最终得到有效样本 3546 份。被调查对象年龄在 18 周岁及以上。表 1 展示了样本主要变量的特征，其中，男性占 43.51%，平均年龄 44.6 岁，未婚占比为 7.46%、初婚占比为 85.99%，农业户籍占 68.24%，初中至高中受教育程度占比达到了 62.71%、大学专科及以上受教育程度占 15.6%，60 岁及以上年龄的比例为 15.2%，健康自评为很好和好的合计比例达到了 68.25%、健康自评为很不好和不好的合计比例达到了 5.96%。

表 1　样本特征

变量	百分比或均值（标准差）	变量	百分比或均值（标准差）
性别		年龄组	
男	43.51%	≤19 岁	16.89%
女	56.49%	20～24 岁	4.62%
年龄	44.6（14.5）	25～29 岁	9.11%
婚姻状况		30～34 岁	8.12%
未婚	7.46%	35～39 岁	9.25%
初婚	85.99%	40～44 岁	9.87%
再婚	2.16%	45～49 岁	10.52%
离婚	0.88%	50～54 岁	9.62%
丧偶	3.50%	55～59 岁	6.8%
户籍		60～64 岁	6.57%
农业	68.24%	65～69 岁	4.46%
非农业	31.76%	70～74 岁	2.14%
受教育程度		75～79 岁	0.99%
未上过学	4.28%	≥80 岁	1.04%
小学	17.41%	健康自评	
初中	42.13%	很好	28.31%
中专或高中	20.58%	好	39.94%
大学专科	8.68%	一般	25.80%
大学本科	6.61%	不好	5.30%
研究生	0.31%	很不好	0.66%

资料来源：根据 "2014 年中国家庭幸福感热点问题调查" 数据整理制作。表 4～表 10 同此来源。

（二）社会信任的测量方法

已有研究存在多种针对社会信任的测量方法。本文主要使用"多重等级评量"方法。"多重等级评量"（The Pooled Ordinal Ratings Approach）分析策略是用多个测量指标以接近某类信任，并转变数据分析单位以实现不同类型信任的差异比较（张苙芸、谭康荣，2005）。邹宇春等人使用该方法，进一步把分析单位由通常的"受访对象"转换成"受访对象—信任题项"，以定序 Logistic 回归（Ordinal Logistic Regression）模型为主，比较各类型信任的相对强弱程度（邹宇春、敖丹、李建栋，2012）。

本文主要参照邹宇春等人的办法，使用"受访对象—信任题项"对各类型信任的情况进行比较分析。使用"受访对象—信任题项"方法对社会信任进行测量的方法如表 2 所示：

表 2　社会信任测量的"受访对象—信任题项"方法示例

数据转换前：

编号	性别	家人	邻居	政府
案例 1	男	4	3	2
案例 2	女	3	2	1
案例 3	女	3	2	2

数据转换后：

编号	性别	信任类型	信任程度
案例 1	男	家人	4
案例 1	男	邻居	3
案例 1	男	政府	2
案例 2	女	家人	3
案例 2	女	邻居	2
案例 2	女	政府	1
案例 3	女	家人	3
案例 3	女	邻居	2
案例 3	女	政府	2

资料来源：邹宇春、敖丹、李建栋，2012：140~141，表 1。

（三）家庭幸福感的测量方法

在家庭幸福感的测量方法上，本文依照王广州和王军的方法（王广州、王军，2013），引入"测量锚点"和"等比例标准化方法"对家庭幸福感评分①进行标准化处理，克服了家庭幸福感测量中存在的自评异质性问题。等比例标准化方法是将回答问题"在对幸福评分中您认为几分以上才是幸福的？"中的得分（以下简称为"评分基准"或"幸福临界点"）统一调整到6分，从而使不同个体的家庭幸福感评分之间具有可比性。等比例标准化方法假定调整后的家庭幸福感最终得分与评分调整基准（本文设定为6分）之比等于原始分数与幸福及格线之比（见表3）。

表3 家庭幸福感等比例标准化方法

案例	幸福感评分	幸福临界点	调整基准	调整系数	最终得分
1	7.98	7.00	6.00	0.86	6.84
2	7.65	8.00	6.00	0.75	5.74
3	6.66	6.00	6.00	1.00	6.66
4	8.24	7.00	6.00	0.86	7.06
5	8.01	5.00	6.00	1.20	9.61
6	6.90	7.00	6.00	0.86	5.91

资料来源：王广州、王军，2013：148。

四 社会信任状况

（一）信任状况

总体来看，我国居民社会信任状况处于较好水平。社会上可以信任的人"非常多、比较多、一般、比较少、非常少"的比例分别为3.28%、43.64%、41.77%、9.62%和1.70%（参见表4）。被调查对象认为社会上可以信任的人"非常多或比较多"的比例达到了46.92%，而"比较少或非常少"的比例仅为11.32%。

通过对调查数据的分析，笔者有如下具体发现。

（1）女性社会信任略高于男性。女性觉得社会上可以信任的人"非常多"的比例（3.75%）多于男性（2.67%），"非常少"的比例（1.30%）少于男性（2.21%）。

---

① 2014年中国家庭幸福感热点问题调查将家庭幸福感评分的取值范围定为0分至10分，0分代表非常不幸福，10分代表非常幸福。

（2）不同年龄人群的社会信任程度存在差别，更年轻的人群的社会信任程度更低，他们认为社会上可以信任的人"非常多"和"比较多"的比例更小、"非常少"或"比较少"的比例更大。社会信任的年龄差别一方面源于个人生命历程或生命经验的差异，另一方面也表现出社会变迁的影响，即当前的确存在社会信任危机或当前社会信任水平确实较以往有所降低。

（3）未婚、初婚或丧偶人群的社会信任程度更高，离婚或再婚人群的社会信任程度更低，离婚人群社会信任程度最低。离婚人群认为社会上可以信任的人"比较少"和"非常少"的比例最大，合计比例达到22.58%。

（4）健康自评更好的人群社会信任程度显著更高。健康意味着个体的生理和心理都处于良好状态，其生活满意度一般较高，社会信任程度较高的可能性更大。

（二）被信任状况

信任可以是信任主体对信任客体单方向的关系，也可以是主客体相互信任的双向关系。一般而言，信任他人与被他人信任可以并存。大多数情况下，信任他人与被他人信任是相伴而生、互相促进的关系。基于调查数据的描述分析，我们发现被调查对象被他人信任状况具有以下一些特征。

（1）性别、年龄差异不显著。男女老少自评被他人信任的水平基本一致，几乎都是90%认为自己是一个容易被人信任的人。

（2）不同婚姻状况被信任程度的由高到低自评顺序：初婚、未婚、再婚、离婚和丧偶。丧偶和离婚人群认为"自己不是一个容易被人信任的人"的比例最高，分别达到了19.01%和16.13%，初婚人群认为"自己是一个容易被人信任的人"的比例最高（90.12%）。对适婚年龄人群而言，婚姻关系本身就是一个最基础和最重要的社会关系，完整、和谐的婚姻关系对婚姻当事人社会信任及被他人信任的促进作用是显而易见的。

（3）非农户籍人群自评被信任程度显著高于农业户籍人群。与信任他人不存在显著的城乡户籍差异不同，非农户籍人群自认为容易被人信任的比例高达93.08%，高出农业户籍人群5.26个百分点。这个显著差别是我国长期城乡二元化社会的影响由客观外在波及主观内心的突出表现，它很值得人们深思和继续深入挖掘研究。

（4）受教育程度更高人群的自评被信任程度也显著更高。除了研究生之外，随着受教育程度的提高，自认为"是一个容易被人信任的人"的比例在逐渐增大，自认为"不是一个容易被人信任的人"的比例在逐渐减

小。受教育程度高的人群社会地位高的可能性更大，对工作和生活满意度
更高，自认为更容易被信任的比例也更大。

（5）健康自评更好的人群自评被信任程度也更高。与信任他人情况一
致，健康自评更好的人也会认为自身更容易被人信任，对他们而言，信任
他人与被他人信任存在高度正相关关系。

表 4　社会信任概况

单位：%

变量	您觉得社会上可以信任的人多吗？					您是不是一个容易被人信任的人？	
	非常多	比较多	一般	比较少	非常少	是	不是
性别	$p = 0.050$					$p = 0.462$	
男	2.67	43.69	42.59	8.84	2.21	89.95	10.05
女	3.75	43.59	41.14	10.21	1.30	89.19	10.81
年龄组	$p = 0.052$					$p = 0.995$	
≤19 岁	4.02	41.37	43.22	9.88	1.51	89.49	10.51
20~29 岁	1.23	41.15	43.62	11.52	2.47	88.96	11.04
30~39 岁	2.28	41.21	45.28	10.10	1.14	90.16	9.84
40~49 岁	3.88	43.41	40.92	9.71	2.08	89.08	10.92
50~59 岁	4.48	48.88	35.8	9.47	1.38	89.86	10.14
60~69 岁	3.08	45.76	42.16	7.20	1.80	89.18	10.82
70~79 岁	3.60	42.34	43.24	9.01	1.80	90.99	9.01
≥80 岁	5.41	56.76	37.84	0	0	89.19	10.81
婚姻状况	$p = 0.025$					$p = 0.012$	
未婚	1.53	43.13	41.98	9.54	3.82	87.94	12.06
初婚	3.39	43.99	41.6	9.56	1.46	90.12	9.88
再婚	2.63	32.89	48.68	14.47	1.32	86.67	13.33
离婚	3.23	35.48	38.71	12.9	9.68	83.87	16.13
丧偶	4.10	44.26	42.62	7.38	1.64	80.99	19.01
户籍	$p = 0.282$					$p = 0.000$	
农业	3.24	43.23	41.42	10.25	1.86	87.82	12.18
非农业	3.53	44.34	42.39	8.63	1.11	93.08	6.92
受教育程度	$p = 0.740$					$p = 0.000$	
未上过学	4.67	50.00	37.33	6.67	1.33	83.67	16.33

变量	您觉得社会上可以信任的人多吗？					您是不是一个容易被人信任的人？	
	非常多	比较多	一般	比较少	非常少	是	不是
受教育程度	$p = 0.740$					$p = 0.000$	
小学	3.26	43.56	41.60	9.62	1.96	88.10	11.90
初中	2.97	42.68	42.41	10.32	1.62	87.62	12.38
中专或高中	3.32	43.98	41.22	9.54	1.94	91.38	8.62
大学专科	3.61	42.95	40.98	10.16	2.30	95.39	4.61
大学本科	4.29	42.92	45.06	7.30	0.43	95.63	4.37
研究生	0	81.82	18.18	0	0	90.91	9.09
健康自评	$p = 0.000$					$p = 0.000$	
很好	6.65	43.3	39.27	9.47	1.31	94.09	5.91
好	1.72	47.46	41.59	7.52	1.72	89.37	10.63
一般	2.22	39.25	44.01	12.64	1.88	86.37	13.63
不好	2.70	37.3	47.03	11.89	1.08	86.02	13.98
很不好	0	36.36	50	4.55	9.09	72.73	27.27

（三）信任与被信任的关系

信任别人和被别人信任之间存在正相关关系。随着被调查对象社会信任程度的下降，他们自评被信任的程度也在降低。

由表5可以发现，认为"社会上可以信任的人非常多"的被调查对象认为"自己是一个容易被人信任的人"的比例最高，达到了97.37%；同时，认为"社会上可以信任的人非常少"的被调查对象认为"自己不是一个容易被人信任的人"的比例也最高，达到了43.33%。

表5　信任与被信任的列联表

单位：%

您觉得社会上可以信任的人多吗？	您是不是一个容易被人信任的人？		合计
	是	不是	
非常多	97.37	2.63	3.28
比较多	94.29	5.71	43.64
一般	87.82	12.18	41.77

续表

您觉得社会上可以信任的人多吗？	您是不是一个容易被人信任的人？		合计
	是	不是	
比较少	78.87	21.13	9.62
非常少	56.67	43.33	1.70
合计	89.55	10.45	100.00

Pearson chi2 (4) = 159.0053　　p = 0.000

（四） 对各类人群或社会组织的信任程度

人们对各类人群或社会组织的信任程度存在明显的差别。由表 6 可知，完全信任的前七位包括：家人（89.26%）、政府（30.73%）、居委会干部（30.72%）、警察（29.40%）、医生（28.72%）、法官/法院（27.70%）、科学家（26.91%）。根本不信任的前五位包括：陌生人（51.88%）、外地人（37.82%）、各类经济组织（13.03%）、商人/买卖人（11.49%）和互联网网上信息（10.26%）。

人们的信任人群存在明显的"差序格局"特征。仅以"完全信任"的比例为例，更相信家人（89.26%）、居委会干部（30.72%）、邻居（19.04%）等身边人，更不相信陌生人（0.64%）、外地人（0.89%）和商人（1.76%）。人们更信任正式制度社会组织。还是以"完全信任"为例，人们更相信政府（30.73%）、警察（29.40%）、法官/法院（27.70%）、医生（28.72%）、科学家（26.91%），人们更不相信互联网上的信息（10.26%）和商人或各类经济组织（13.03%）。

表 6　对各类人群或社会组织的信任程度分布

单位：%

类别	完全信任	比较信任	不太信任	根本不信任
家人	89.26	10.37	0.37	0
邻居	19.04	73.54	7.16	0.26
商人/买卖人	1.76	22.26	64.49	11.49
外地人	0.89	8.34	52.95	37.82
陌生人	0.64	5.02	42.45	51.88
社会上的大多数人	2.19	45.98	42.65	9.18

续表

类别	完全信任	比较信任	不太信任	根本不信任
科学家	26.91	55.59	14.75	2.76
警察	29.40	56.72	11.76	2.11
政府	30.73	57.10	10.42	1.75
医生	28.72	60.26	9.88	1.13
法官/法院	27.70	58.13	12.20	1.97
居委会干部	30.72	59.89	8.21	1.19
国内广播电视报刊上的新闻	16.67	54.46	25.24	3.63
互联网网上信息	4.25	30.29	55.20	10.26
商人或各类经济组织	3.86	28.29	54.83	13.03

五　社会信任与家庭幸福感的关系

（一）社会信任与家庭幸福感的关系

社会信任与家庭幸福感之间具有很强的正相关关系，信任他人和被他人信任与家庭幸福感之间关系都很显著。

数据分析显示，认为社会上可以信任的人非常多的人群中，有63.16%认为自己的家庭属于"非常幸福"，没有认为自己的家庭属于"比较不幸福"或"非常不幸福"的情况出现。与之形成鲜明对比，认为社会上可以信任的人非常少的人群中，只有12.28%认为自己的家庭属于"非常幸福"，而认为自己的家庭属于"比较不幸福"和"非常不幸福"的比例分别为3.51%和7.02%（见表7）。概言之，认为"社会上可以信任的人"越多的人群，其家庭幸福感越强的比例也越大。

表7　社会信任（信任他人）与家庭幸福感之间的关系

单位：%

社会上可以信任的人多吗？	您的家庭属于					合计
	非常幸福	比较幸福	一般	比较不幸福	非常不幸福	
非常多	63.16	28.07	8.77	0.00	0.00	100.00
比较多	23.77	59.91	15.21	0.86	0.26	100.00
一般	18.35	52.88	26.89	1.67	0.21	100.00

续表

社会上可以信任的人多吗?	您的家庭属于					合计
	非常幸福	比较幸福	一般	比较不幸福	非常不幸福	
比较少	15.71	46.53	34.14	2.72	0.91	100.00
非常少	12.28	45.61	31.58	3.51	7.02	100.00
总体	21.85	54.42	21.94	1.39	0.40	100.00

Pearson chi2 (16) = 295.1200 $p = 0.000$

认为自己容易被人信任的人群中，有 22.97% 感到"非常幸福"，感觉"比较不幸福"或"非常不幸福"的合计比例仅为 1.34%。与之相反，认为自己不是容易被人信任的人群中，只有 12.64% 感到"非常幸福"，而感到"比较不幸福"或"非常不幸福"的合计比例达到了 6.18%（见表 8）。

表 8 社会信任（被他人信任）与家庭幸福感之间的关系

单位：%

您是容易被人信任的人吗?	您的家庭属于					合计
	非常幸福	比较幸福	一般	比较不幸福	非常不幸福	
是	22.97	55.09	20.60	1.01	0.33	100.00
不是	12.64	48.31	32.87	5.06	1.12	100.00

Pearson chi2 (4) = 81.7504 $p = 0.000$

信任他人也被他人信任的人，家庭幸福感得分最高。不信任他人也不被他人信任的人，家庭幸福感得分最低。

随着社会信任程度的提高，被调查对象的家庭幸福感得分也在增大，认为"社会上可以信任的人非常多"的人的家庭幸福感得分最高（7.00分），认为"社会上可以信任的人非常少"的人的家庭幸福感最低（5.72 分）（见表 9）。认为"自己是一个容易被人信任的人"的被调查对象的家庭幸福感得分更高（6.72 分），认为"自己不是一个容易被人信任的人"的被调查对象的家庭幸福感得分只有 6.22 分；既认为"社会上可以信任的人非常多"又认为"自己是一个容易被人信任"的人享有最高得分的家庭幸福感（7.06 分）；既认为"社会上可以信任的人非常少"又认为"自己不是一个容易被人信任"的人享有最低得分的家庭幸福感（4.98 分）。

表9　不同社会信任特征的家庭幸福感得分

单位：分

您觉得社会上可以信任的人多吗？	您是不是一个容易被人信任的人？		合计
	是	不是	
非常多	7.06	5.80	7.00
比较多	6.84	6.56	6.82
一般	6.63	6.37	6.60
比较少	6.45	5.91	6.32
非常少	6.30	4.98	5.72
合计	6.72	6.22	6.67

（二）各类社会信任与家庭幸福感的关系

对各类人群、组织或制度的信任程度越高，家庭幸福感得分也越高（见表10）。与家人相比，对其他人群、组织或制度的信任程度与家庭幸福感水平之间的相关关系更弱。对邻居、国内广播电视报刊上的新闻、政府"根本不信任"的人群，家庭幸福感最低，相应的家庭幸福感得分分别为5.50分、5.85分、5.87分。确切而言，这些人群的家庭幸福感在及格线（幸福标准及格线为6分）以下，属于不幸福。

表10　对各类人群信任程度的家庭幸福感得分

单位：分

类别	完全信任	比较信任	不太信任	根本不信任
家人	6.73	6.20	5.04	——
邻居	6.84	6.68	6.35	5.50
商人/买卖人	6.67	6.68	6.72	6.30
外地人	6.70	6.64	6.68	6.61
陌生人	6.73	6.70	6.58	6.70
社会上的大多数人	6.85	6.81	6.54	6.25
科学家	6.78	6.69	6.55	6.21
警察	6.78	6.70	6.51	6.04
政府	6.73	6.72	6.40	5.87
医生	6.66	6.71	6.62	6.21
法官/法院	6.73	6.74	6.46	6.12

类别	完全信任	比较信任	不太信任	根本不信任
居委会干部	6.72	6.69	6.45	6.32
国内广播电视报刊上的新闻	6.75	6.76	6.61	5.85
互联网网上信息	6.92	6.72	6.69	6.36
商人或各类经济组织	6.78	6.73	6.71	6.39

六　总结与讨论

基于 2014 年中国家庭幸福感热点问题调查数据，本研究描述并分析了我国居民社会信任状况和特征，探讨了社会信任与家庭幸福感的关系。结果发现，不同年龄、婚姻状态和健康自评状况个体的社会信任程度存在显著差别，信任他人与被他人信任之间存在显著正相关关系；社会信任呈现"差序格局"的等级特征，对制度组织的社会信任较高；社会信任更高的人拥有更高的家庭幸福感，被他人信任的人的家庭幸福感也显著更高。本研究能够促进对当前中国社会信任问题的理解，可以启发人们从社会信任角度提升家庭幸福感、推进家庭建设的思路。

调查显示，我国社会信任水平总体良好，良好的社会信任让民众更容易感到家庭幸福和个人幸福。社会大众对各类制度性组织的信任程度较高。民众对政府持"非常信任"和"比较信任"的合计比例达到 87.83%；民众对居委会干部、医生的信任程度也很高，均在 90% 左右。不过，民众对商人或经济组织、外地人、陌生人、网络信息等社会信任程度则明显低了很多。可以说，当前中国存在的社会信任危机主要表现为民众对各类非制度组织及人群的不信任或低信任。

社会信任的总体水平并不会仅仅因为对商人或商业组织、外地人、陌生人、网络信息等单一群体或信息载体的不信任而拉低，它还有更复杂的结构性因素，比如对监管制度的不信任等。对此，我们需要充分利用社会大众对各类制度性组织的高信任度来改进社会氛围、改善商业环境、整顿网络平台，进一步提高我国社会信任水平，如此民众才能更加感受到个人幸福、家庭幸福以及社会和谐稳定发展带来的获得感与满足感。

参考文献

白锐、罗龙真，2014，《收入不平等与社会信任水平相关性：基于量化分析的实证检验》，《武汉大学学报》（哲学社会科学版）第 2 期，第 15 ~ 19 页。

边燕杰、肖阳，2014，《中英居民主观幸福感比较研究》，《社会学研究》第 2 期，第 22 ~ 42 页。

蔡起华、朱玉春，2015，《社会信任、关系网络与农户参与农村公共产品供给》，《中国农村经济》第 7 期，第 57 ~ 69 页。

陈捷、呼和那日松、卢春龙，2011，《社会信任与基层社区治理效应的因果机制》，《社会》第 6 期，第 22 ~ 40 页。

陈俊杰、穆光宗，1996，《农民的生育需求》，《中国社会科学》第 2 期，第 126 ~ 137 页。

董才生，2004，《偏见与新的回应——中国社会信任状况的制度分析》，《社会科学战线》第 4 期，第 253 ~ 256 页。

风笑天，2015，《"四二一"：概念内涵、问题实质与社会影响》，《社会科学》第 11 期，第 71 ~ 81 页。

高虹、陆铭，2010，《社会信任对劳动力流动的影响——中国农村整合型社会资本的作用及其地区差异》，《中国农村经济》第 3 期，第 12 ~ 24 页。

黄健、邓艳华，2012，《高等教育与社会信任：基于中英调查数据的研究》，《中国社会科学》第 11 期，第 98 ~ 111 页。

李彬、史宇鹏、刘彦兵，2015，《外部风险与社会信任：来自信任博弈实验的证据》，《世界经济》第 4 期，第 146 ~ 168 页。

李涛、黄纯纯、何兴强、周开国，2008，《什么影响了居民的社会信任水平？——来自广东省的经验证据》，《经济研究》第 1 期，第 137 ~ 152 页。

刘军强、熊谋林、苏阳，2012，《经济增长时期的国民幸福感——基于 CGSS 数据的追踪研究》，《中国社会科学》第 12 期，第 82 ~ 102 页。

刘明明，2016，《社会信任对公众主观幸福感的影响研究》，《学习与实践》第 1 期，第 87 ~ 97 页。

陆铭、蒋仕卿、佐藤宏，2014，《公平与幸福》，《劳动经济研究》第 1 期，第 26 ~ 48 页。

马俊峰、白春阳，2005，《社会信任模式的历史变迁》，《社会科学辑刊》第 2 期，第 39 ~ 44 页。

穆峥、谢宇，2014，《生育对父母主观幸福感的影响》，《社会学研究》第 6 期，第 124 ~ 147 页。

祁玲玲、赖静萍，2013，《政府行为、政治信任与主观幸福感》，《学术研究》第 7 期，第 52 ~ 58 页。

史宇鹏、李新荣，2016，《公共资源与社会信任：以义务教育为例》，《经济研究》第 5 期，第 86 ~ 100 页。

唐有财、符平，2008，《转型期社会信任的影响机制——市场化、个人资本与社会交往因素探讨》,《浙江社会科学》第 11 期,第 59 ~ 67 页。

陶涛、李丁,2015,《夫妻职业相对地位与家庭幸福感关系研究》,《人口研究》第 3 期,第 74 ~ 86 页。

王广州、王军,2013,《中国家庭幸福感测量》,《社会》第 6 期,第 139 ~ 160 页。

王钦池,2015,《生育行为如何影响幸福感》,《人口学刊》第 4 期,第 12 ~ 24 页。

王伟、景红桥、张鹏,2013,《计划生育政策降低了居民的幸福感吗——80 后一代视角的研究》,《人口研究》第 2 期,第 102 ~ 112 页。

徐安琪,2012,《经济因素对家庭幸福感的影响机制初探》,《江苏社会科学》第 2 期,第 104 ~ 109 页。

杨凡,2015,《家庭经济因素对家庭幸福感的影响研究——基于北京市调查数据的实证分析》,《人口与发展》第 6 期,第 78 ~ 86 页。

杨明、孟天广、方然,2011,《变迁社会中的社会信任:存量与变化——1990—2010 年》,《北京大学学报》(哲学社会科学版)第 6 期,第 100 ~ 109 页。

张苙芸、谭康荣,2005,《制度信任的趋势与结构:"多重等级评量"的分析策略》,《台湾社会学刊》第 35 期,第 75 ~ 126 页。

郑永年、黄彦杰,2011,《中国的社会信任危机》,《文化纵横》第 2 期,第 18 ~ 23 页。

朱虹,2011,《转型时期社会信任的状况与特征——一项实证研究》,《贵州社会科学》第 10 期,第 118 ~ 123 页。

邹宇春、敖丹、李建栋,2012,《中国城市居民的信任格局及社会资本影响——以广州为例》,《中国社会科学》第 5 期,第 131 ~ 148 页。

Diener, E. (2000). Subjective well-being: The science of happiness and a proposal for a national index. *American Psychologist*, 55 (1), 34 – 43.

Durlauf, S., and M. Fafchamps. (2005). Social capital. In P. Aghion and S. Durlauf (eds), *Handbook of Economic Growth* (*Vol 1B*), pp. 1639 – 1699.

中国社会心理学评论　第 14 辑

第 129～138 页

© SSAP，2018

消费不平等对社会信任的影响：
社会地位的中介作用[*]

吕小康　付鑫鹏　武　迪[**]

摘　要： 为研究社会地位在消费不平等与社会信任水平关系中的中介作用，使用中国家庭追踪调查（CFPS）2014 年的数据分析后发现，居民个人和家庭社会地位的中介效应显著，消费差距通过降低社会地位进而影响社会信任水平。在消费差距大的地区，居民普遍认为自己的社会地位较低，消费差距显著降低了家庭的社会地位水平；高社会地位的人有着更高的社会信任水平，低社会地位的人有着较低的社会信任水平，从而降低了社会整体的社会信任水平。

关键词： 消费差距　社会信任　社会地位　中国家庭追踪调查

已有研究发现，收入差距会影响居民对所处社区的主观评价从而形成社区异质性，进而对社会信任造成一定的损害（Putnam，2000）。但事实上消费能够更加全面地衡量人们的福利状况和资源享有情况，相比收入来说也具有更强的稳定性和预测性（Meyer & Sullivan，2010）。国外有研究指出，高社会地位的人更值得信赖，也就是说高社会地位的人具

---

　　* 本研究得到中央高校基本科研业务费专项资金资助项目（63172055）和中信改革发展研究基金会研究项目（QA170801）的资助。

** 吕小康，男，南开大学周恩来政府管理学院副教授；付鑫鹏，男，南开大学周恩来政府管理学院本科生；武迪，女，南开大学周恩来政府管理学院硕士研究生。

有较高的社会信任水平（Glaeser et al., 2002），但根据我国的真实情况分析，高社会地位的人并不愿意更多地信任别人。国内外关于社会地位分化是否可以解释或部分解释社会信任的研究少之又少。因此，本文拟采用中国家庭追踪调查（CFPS）2014 年的数据，探查社会地位分化在二者关系中的作用。

一　文献综述与研究假设

国内外已有文献在关于收入、消费不平等如何影响社会信任这一问题上缺乏足够的重视。国外的文献主要集中于绝对收入和相对收入对社会信任的影响，Uslaner 使用跨国数据研究收入不平等对社会信任的影响，发现在中国不仅不存在负面影响，反而是正向的（Uslaner, 2006）。跨国数据往往存在数据异质性和不可比的问题，Garzo 和 Santos 认为，同质化的国家间得出社会资本影响福利的结果可信性更高（Garzo & Santos, 2007）。因此，我们若能够在一国内部各省区市之间得到消费不平等对社会信任水平影响的结论，估计的可信性会更高。

文献中关于社会信任决定因素的分析主要是从个人因素、社区因素和社会因素这三个方面展开的，其中基于社区同质性讨论消费或收入差距对社会信任的影响的研究成效颇大。Knack 和 Zak 利用美国的数据研究发现基因和社区特质的区别与社会信任程度呈正向相关，他们的实证模型验证了较大的收入差距会导致较低的信任水平（Knack & Zak, 2001）。Leigh 使用澳大利亚的个人数据得出了不一致的结论，种族混住、语言混合的社区虽然汇报了较低的信任水平，但并没有发现经济不平等与收入之间存在显著关系（Leigh, 2006）。

根据已有的文献推断，消费不平等程度的增大可能导致社会地位分布两端增大，使社会地位渐趋分化，从而降低社会信任水平（申广军、张川川，2016）。但消费不平等程度的上升，也给了居民更多提升自身社会阶层的机会，这就会引起居民社会信任水平的上升（Okamura et al., 1973）。周广肃、李沙浪（2016）基于中国家庭追踪调查（CFPS）2012 年的数据，研究发现消费差距的扩大影响了社会信任水平，并且中下部消费差距的扩大对信任的负面作用最大。但由于所用数据已是 5 年前数据，数据的时效性有所减弱。并且，该研究并未考虑到社会地位在消费不平等与社会信任关系中的影响。因此，要研究消费不平等对社会信任的影响，理论上、经验上并没有权威的观点和论据，我们需要数据精确、设计严密的实证量化分析。

因此，本研究假设为：社会地位的中介作用显著，消费差距的扩大降低了社会地位，社会地位较高的群体的社会信任水平也较高。

二　数据来源与变量描述

（一）数据介绍与样本描述

本文使用中国家庭追踪（动态）调查（China Family Panel Studies，CFPS）2014 年的数据。CFPS 2014 年的全国代表性样本数据来源于除新疆、西藏、青海、宁夏、内蒙古、海南、香港、澳门和台湾之外的 25 个省级行政区，共有 37147 个成人样本和 13946 个家庭样本，由于衡量消费不平等使用家庭人均消费数据，我们将成人样本和家庭样本合并，在去除缺失信息的样本后，研究的有效样本量为 29423 人。

（二）变量的操作化与赋值

1. 信任水平测量

根据 CFPS 2014 年的成人问卷主观态度部分的问题 N1001 "一般来说，您认为大多数人是可以信任的，还是和人相处要越小心越好？"，该问题是二值选择问题，原始问卷选择 1 表示 "大多数人是可以信任的"，选择 5 表示 "要越小心越好"。我们转化为社会信任虚拟变量，其中 1 表示是，0 表示否。我们还使用受访者对父母、邻居、美国人、陌生人、干部和医生等不同群体的信任度作为替代指标进行稳健性检验，其中干部和医生为受访者本县（区）的干部或医生，这些指标是从 0 到 10 的得分变量，分值越大表示信任程度越高。

2. 经济不平等测量

采用 CFPS 中的 2014 年家庭消费总支出计算家庭人均消费数据，并计算县级层面的支出 Gini 系数，这可以很好地衡量不同省区或县的消费不平等程度。但为了增强估计的可信性，同一区县的消费不平等程度也需要考虑，我们选择分位数支出比 P90/P10、P90/P50 和 P50/P10 来衡量消费差距，其中 P90/P10 表示同一区县第 90 百分位数和第 10 百分位数上人均支出之比，其余同理，这些变量可以体现同一区县上下部、中上部和中下部的消费差距，是支出 Gini 系数很好的补充。

3. 控制变量

根据已有文献的研究，本文选取了丰富的控制变量来尽可能地避免遗漏变量偏误，按层次可以分为个人层面和家庭层面两类。个人层面的控制变量包括性别、年龄、民族、婚姻状况、健康状况、是否为党员、是否为学生等；家庭层面的控制变量包括家庭人均收入、消费、是否有房有车有存款、是否参与金融产品投资等。Godoy 等人研究表明年龄对社会资本的影响呈非线性关系（Godoy et al.，2007），为避免忽略重要控制变量，我们在个人层面的控制变量中加入年龄的平方项。

这些控制变量中二值变量均生成虚拟变量（如 1 表示是，0 表示否等），需要特别说明的是，民族变量中汉族为 1，少数民族为 0。在健康状况这个变量中，原始问卷数据分为 5 个等级（非常健康为 1，很健康为 2，比较健康为 3，一般为 4，不健康为 5），为将不健康的组别选为基准组，本文将健康程度的变量变成 1 表示不健康，5 表示非常健康，这样生成四个虚拟变量（如健康水平 2 表示：将选择 2 的样本数据记为 1，其余记为0），将家庭人均收入、消费等变量做取对数处理。

4. 中介变量

对于中介机制变量——社会地位，CFPS 2014 年的数据报告了受访者自评的个人社会地位和家庭社会地位，都是从低到高分为 5 类，其中很低为 1，很高为 5。自评社会地位是受访者综合自己各方面的实际情况做出的评价，不仅反映受访者财产、权力和资源的拥有情况，也反映其社会威望和荣誉的高低程度，因此能够较为真实地反映受访者实际所处阶层（阳义南、连玉君，2015）。如表 1 所示：

表 1　社会信任、消费差距、社会地位以及个体、家庭层面控制变量分布情况

变量	变量具体含义	观测值	均值	标准差	最小值	最大值
社会信任						
社会信任程度	1 = 信任，0 = 不信任	29423	0.53	0.500	0	1
对父母的信任度	10 = 非常信任，0 = 非常不信任	29327	9.39	1.388	0	10
对邻居的信任度	10 = 非常信任，0 = 非常不信任	29368	6.63	2.173	0	10
对美国人的信任度	10 = 非常信任，0 = 非常不信任	28716	2.29	2.464	0	10

续表

变量	变量具体含义	观测值	均值	标准差	最小值	最大值
社会信任						
对陌生人的信任度	10 = 非常信任，0 = 非常不信任	29314	1.95	2.085	0	10
对干部的信任度	10 = 非常信任，0 = 非常不信任	29320	5.02	2.644	0	10
对医生的信任度	10 = 非常信任，0 = 非常不信任	29371	6.83	2.343	0	10
消费差距						
支出 Gini	县区整体消费差距衡量指标	29423	0.46	0.073	0.18	0.75
P90/P10	县区上下部消费差距衡量指标	29423	10.50	5.434	2.00	46.88
P90/P50	县区上中部消费差距衡量指标	29423	2.95	0.784	1.08	10.29
P50/P10	县区中下部消费差距衡量指标	29423	3.50	1.369	1.20	20.00
个人层面控制变量						
年龄	2014 年实际年龄	29422	46.25	16.690	16	102
年龄平方	2014 实际年龄平方	29422	2417.73	1596.847	256	10404
性别	1 = 男性，0 = 女性	29423	0.49	0.500	0	1
民族	1 = 汉族，0 = 少数民族	28415	0.95	0.208	0	1
是否为党员	1 = 是，0 = 否	28415	0.07	0.253	0	1
婚姻	1 = 有配偶，0 = 无配偶	29423	0.79	0.404	0	1
是否为学生	1 = 是，0 = 否	27221	0.07	0.248	0	1
健康程度	1 = 不健康，5 = 非常健康	29416	3.04	1.245	1	5
家庭层面控制变量						
是否有房	1 = 是，0 = 否	28826	0.92	0.276	0	1
是否有车	1 = 是，0 = 否	29423	0.18	0.382	0	1
家庭人均支出	2014 年家庭人均支出金额（单位：元，取对数）	29423	9.12	1.021	4.61	14.29

续表

变量	变量具体含义	观测值	均值	标准差	最小值	最大值
家庭层面控制变量						
家庭人均收入	2014 年家庭人均收入金额（单位：元，取对数）	28896	9.46	1.035	0	14.51
金融投资参与	1 = 购买特定金融产品，0 = 没有购买特定金融产品	29421	0.05	0.214	0	1
中介机制变量						
个人社会地位	1 = 很低，5 = 很高	29305	2.93	0.997	1	5
家庭社会地位	1 = 很低，5 = 很高	29338	3.13	0.945	1	5

三　研究方法及结果

（一）社会地位的中介效应检验

已有研究分析指出消费不平等显著地降低了居民的社会信任水平，高消费群体和低消费群体的社会信任水平易受影响（周广肃、李沙浪，2016）。这预示着消费差距对不同群体的社会信任影响程度存在差异，消费的不平等可能通过分化社会阶层来降低社会信任，因此，我们有必要研究社会地位是否对消费不平等降低社会信任水平存在中介效应。

考虑到消费差距对社会信任水平的影响，如果消费差距通过影响社会地位，从而对社会信任水平产生影响，则表示社会地位为中介变量。本文使用 Baron 和 Kenny（1986）的逐步法（Causal Steps Approach）检验社会地位的中介效应，可用下列的回归方程描述变量之间的关系：

（1）　$Trust_{ij} = cInequality_j + \gamma X_{ij} + \theta Y_{ij} + e_1$

（2）　$Status_{ij} = aInequality_j + \gamma X_{ij} + \theta Y_{ij} + e_2$

（3）　$Trust_{ij} = c'Inequality_j + bStatus_{ij} + \gamma X_{ij} + \theta Y_{ij} + e_3$

其中 $Trust_{ij}$ 表示第 j 区县第 i 个人社会信任水平的虚拟变量，$Status_{ij}$ 表示第 j 区县第 i 个人或家庭的社会地位，$Inequality_j$ 是衡量消费不平等程度的变量，X_{ij} 表示个体层面的控制变量，Y_{ij} 表示家庭层面的控制变量，$e_1 \sim e_3$ 是回归残差。方程（1）的系数 c 为自变量支出 Gini 系数对因变量社会信任水平的总效应；方程（2）的系数 a 为自变量支出 Gini 系数对中介变量社会地位的效应；方程（3）的系数 b 是在控制了支出 Gini 系数的影响后社会地位对社会信任水平的效应；系数 c' 是在控制了社会地位的影响后支出 Gini 系数对社会信任的直接效应。

检验中介效应最常用的方法是逐步检验回归系数（温忠麟等，2004）：首先，检验方程（1）的系数 c；其次，依次检验方程（2）的系数 a 和方程（3）的系数 b。如果系数 c 显著，且系数 a 和 b 都显著，则称中介效应显著；如果 c' 不显著，则称完全中介效应显著。

（二）消费差距、社会地位与社会信任

周广肃、李沙浪（2016）研究分析已经得到了消费差距会显著降低社会信任水平即系数 c 显著的结论，因此我们直接分析消费差距是否会引起社会地位变动及分化。理论上，消费差距对社会地位的影响可以分为两种效应：一是整体效应，即消费差距使社会地位的分布整体左移或者右移；二是分布效应，消费差距使不同社会地位的频数发生变动（申广军、张川川，2016）。本文使用的中介机制变量为自评的个人社会地位和家庭社会地位，从高到低记为 1～5，我们使用有序 Probit 模型回归，表 2 汇报了计量分析结果。

表 2　消费差距与社会地位：个人层面和家庭层面

Panel A：个人的社会地位			
支出 Gini 系数	− 0.180 ***	− 0.211 ***	− 0.205 ***
个体层面控制变量		控制	控制
家庭层面控制变量			控制
观测值	29305	27111	26088
Panel B：家庭的社会地位			
支出 Gini 系数	− 0.108 ***	− 0.130 ***	− 0.130 ***
个体层面控制变量		控制	控制
家庭层面控制变量			控制
观测值	29338	27142	26117

$*** p < 0.01$，$** p < 0.05$，$* p < 0.1$。

注：表中汇报的系数是解释变量对被解释变量的边际效应。

由回归结果可知，消费差距显著降低了个人的社会地位水平，系数在 1% 的水平上显著为负，也就是说消费差距更大的地区，居民普遍认为自己的社会地位较低，在控制了个人层面和家庭层面的变量后显著性仍然存

在；同样消费差距也对家庭的社会地位有显著影响，表现为降低家庭的社会地位水平。这与我们的假设一致，逐步回归方程（2）中系数 a 显著。

　　之后检验方程（3）的系数 b 和 c'，也就是将社会地位作为中介机制变量，研究消费差距如何影响社会信任水平，我们仍然使用 Probit 模型估计，回归结果呈现在表 3 中。

表 3　消费差距、社会地位与社会信任 Probit 回归结果

Panel A：个人的社会地位		
支出 Gini 系数	− 0.113 ***	− 0.103 **	− 0.097 **
个人社会地位	0.023 ***	0.022 ***	0.020 ***
个体层面控制变量		控制	控制
家庭层面控制变量			控制
观测值	29305	27111	26088
Panel B：家庭的社会地位		
支出 Gini 系数	− 0.060	− 0.098 **	− 0.093 **
家庭社会地位	0.026 ***	0.022 ***	0.020 ***
个体层面控制变量		控制	控制
家庭层面控制变量			控制
观测值	29327	27142	26117

$***\ p < 0.01$，$**\ p < 0.05$，$*\ p < 0.1$。

注：表中汇报的系数是解释变量对被解释变量的边际效应。

　　从 PanelA 中的回归结果可知，在加入了中介机制变量——个人的自评社会地位后，衡量消费不平等的支出 Gini 系数仍然会显著降低社会信任水平；在加入个体、家庭层面的控制变量后也表现为系数在 5% 的水平上显著为负，居民个人的社会地位提高，社会信任水平也显著增强。如表 3 中第 3 列所示，在控制变量的条件下，支出 Gini 系数每上升 0.1，社会信任水平下降 0.97%，个人的社会地位每上升 1 个单位，社会信任水平上升 2%；同样我们在使用家庭社会地位作为中介机制变量时，得到了基本一致的结果，这说明了在逐步回归方程（3）中系数 b 和 c' 都显著，个人社会地位和家庭社会地位确实对回归结果产生了中介效应，且为部分中介效应。也就是说，社会地位分化是消费差距降低社会信任的具体渠道，消费不平等的扩大导致社会地位分布整体向左移动，社会地位水平降低。而社会地位升高又会显著增强社会信任，即高社会地位的人有着较高的社会信任水平，低社会地位的人有着较低的社会信任水平，从而降低了整体的社会信任水平。

四　结论与建议

本文从社会信任的决定因素出发，从消费的角度，研究了社会地位在消费不平等对社会信任的影响中的中介作用。我们使用了 CFPS2014 年的数据，研究了社会地位在消费不平等与社会信任的关系中的作用。研究结果表明，消费差距大的地区，居民普遍认为自己的社会地位较低，消费差距显著降低了家庭的社会地位水平；高社会地位的人有着较高的社会信任水平，低社会地位的人有着较低的社会信任水平，从而降低了整体的社会信任水平。通过中介效应的逐步回归法检验，我们发现消费不平等通过降低社会地位进而影响居民的社会信任水平，消费差距扩大显著降低了个人和家庭的社会地位，社会地位的降低又显著降低了社会信任水平。

消费差距作为衡量地区经济发展均衡程度的重要指标，它不仅具有经济含义，而且有更深远的社会心理内涵，是影响社会信任的重要因素，并且这种影响与个体所处的社会地位有关。如何从宏观调控层面推出减少地区消费差距的相关政策，同时从社会心理学层面进一步明确社会地位对经济相关因素及对社会信任的影响机制，是今后进一步研究可能的方向。

参考文献

申广军、张川川，2016，《收入差距、社会分化与社会信任》，《经济社会体制比较》第 1 期，第 121～136 页。

阳义南、连玉君，2015，《中国社会代际流动性的动态解析——CGSS 与 CLDS 混合横截面数据的经验证明》，《管理世界》第 4 期，第 79～91 页。

温忠麟、张雷、侯杰泰、刘红云，2004，《中介效应检验程序及其应用》，《心理学报》第 36 期，第 614～620 页。

周广肃、李沙浪，2016，《消费不平等会引发社会信任危机吗?》，《浙江社会科学》第 7 期，第 11～21 页。

Baron, R. M. , & Kenny, D. A. (1986). The moderator-mediator variable distinction in social psychological research: Conceptual, strategic, and statistical considerations. *Journal of Personality and Social Psychology*, 51, 1173－1182.

Garzo, V. , & Santos, A. (2007). Third and fourth degree collisional moments for inelastic maxwell models. *Journal of Physics a Mathematical & Theoretical*, 401 (50), 697－711.

Glaeser, H., Drescher, S., Kuip, H. V. D., Behrens, C., Geick, A., Burk, O., ... Fromm, M. (2002). Shed human enterocytes as a tool for the study of expression and function of intestinal drug-metabolizing enzymes and transporters. *Clinical Pharmacology & Therapeutics*, 71 (3), 131 – 140.

Godoy, R., Reyes-García, V., Huanca, T., Leonard, W. R., Olvera, R. G., Bauchet, J., ... Seyfreid, C. (2007). The role of community and individuals in the formation of social capital. *Human Ecology*, 35 (6), 709 – 721.

Knack, S., & Zak, P. J. (2001). Trust and growth. *Economic Journal*, 111 (470), 295 – 321.

Leigh, A. (2006). Trust, inequality and ethnic heterogeneity. *Cepr Discussion Papers*, 82 (258), 268 – 280.

Meyer, B., & Sullivan, J. (2010). Consumption and income of the poor elderly since 1960 ̊. Retrieved September 20, 2010, from http://www. nber. org/aging/rrc/papers/orrc10 – 08. pdf.

Okamura, T., Matsyuhashi, R., Yoshida, Y., Hasegawa, H., & Ishitani, H. (1973). The changing tolerance for income inequality in the course of economic development. *World Development*, 1 (12), 29 – 36.

Putnam, R. D. (2000). *Bowling Alone: America's Declining Social Capital.* New York: Palgrave Macmillan.

Uslaner, E. M. (2006). Corruption and inequality. *Wider Working Paper*, 10 (3), 59 – 66.

中国社会心理学评论　第 14 辑

第 139～150 页

© SSAP，2018

内隐人格理论与道歉方式对信任修复效果的影响[*]

姚　琦　徐宸璐　王婧妍[**]

摘　要：已有关于信任修复的研究多从违背方角度分析信任修复努力与修复效果的关系，对信任方特质的关注相对较少，更少有研究采取双向视角考察信任修复的影响因素。本研究立足于企业员工违约跳槽的信任违背情景，以 383 名大学生为被试，采取 2（信任方内隐人格理论：实体论 vs. 渐变论）×2（违背方道歉方式：内归因 vs. 外归因）的被试间设计，通过角色扮演法，考察了信任方的内隐人格理论和信任违背方的道歉方式如何共同影响信任修复效果。结果显示：相对于外归因的道歉方式，内归因的道歉方式的修复效果更好，且这在当信任方是实体论者时更突出。本研究结果支持了信任修复效果的跨文化差异，对丰富信任修复的理论研究和实践都有一定启发意义。

关键词：信任修复　内隐人格理论　道歉

---

[*]　本研究得到国家社科基金重大招标项目（12&ZD218）、国家社会科学基金重点项目（12ASH006）和中央高校基本科研业务费专项资金资助项目（2017ECNU－YYJ051）的资助。

[**]　姚琦，女，华东师范大学心理与认知科学学院应用心理学系副教授；徐宸璐，女，华东师范大学心理与认知科学学院硕士研究生；王婧妍，女，南开大学周恩来政府管理学院硕士研究生。

一 引言

(一) 问题的提出

信任是"基于对对方行为意图的积极期望而愿意接受由此带来的风险的心理状态"（Rousseau, Sitkin, Burt, & Camerer, 1998）。从社会层面上看，社会信任感从属于社会认知，成为社会心态的重要成分（吕小康、张慧娟，2017）。从人际层面上看，信任显著地影响互动双方的人际关系。在信任领域，国外学者进行了大量的实证研究，广泛地证实了信任对社会互动、团队、组织和经济系统的积极作用（Breuer, Hüffmeier, & Hertel, 2016；Jong, Dirks, & Gillespie, 2016）。国内学者也从多个角度对信任开展了广泛而深入的探索研究。汪新建、王丛和吕小康（2016）在医患关系的背景下对信任进行研究，提出了医患信任的正向演变模型，并探讨了医患信任对医患关系的影响。信任虽然具有积极的作用，但同时也具有脆弱性，信任一旦被破坏，其积极作用就会消失，并且在当代社会中，信任破坏或违背现象频繁发生。大量研究表明，信任违背和破坏会造成各种消极影响，例如心理契约受损、报复行为以及动机模糊的不合作行为，人们会为信任违背而承受严重的经济代价、情感代价和社会代价（严瑜、吴霞，2016）。我国社会正面临着严重的社会信任危机，社会信任感与人际信任都处于岌岌可危的状态。而作为一种典型的不对称关系，信任具有易破坏、难修复的特性（吕小康、朱振达，2016）。因此，如何有效修复信任逐渐获得研究者的关注，并成为信任研究中"未解而最重要的问题之一"（Schoorman, Mayer, & Davis, 2007）。

已有关于信任修复的研究主要采用归因视角。这体现在，一方面，在比较不同信任修复策略（如道歉 vs. 否认）的修复效果时，强调归因方式的差异；另一方面，在解释信任修复过程的理论中，归因理论也是核心理论。归因过程在解释信任修复时的潜在假设是：个体的可信度（trustworthiness）（Mayer et al., 1995）决定其可信行为。信任方会根据违背行为对违背方的可信度做出消极推断（认为违背方是不可信的），进而不愿意接受随后交往中的风险，因此，信任修复可以通过管理归因过程来实现。一系列实证研究结果支持了该理论。例如，研究发现，道歉，即承认责任并表达忏悔，对于能力型信任违背的修复效果更好；而否认，即既不承认责任也不表达忏悔，对于修复正直型信任违背更有效（Kim et al., 2004）。

更细致的研究进一步显示，内部归因式道歉对于修复能力型信任违背的效果更好，而外部归因式道歉对于修复正直型信任违背的效果更好（Kim et al.，2006）；沉默，相对于道歉、否认，是一种更不理想的信任修复策略，因为它兼具了后面两种信任修复策略的不足（Ferrin et al.，2007）。这些研究主要在西方文化背景下展开，而归因存在跨文化差异（Morris & Peng，1994；Chiu，Morris，Hong，& Menon，2000），已有研究中得到的信任修复策略在归因方式方面的差异在中国文化下是否同样成立，还值得进一步检验。由于对内外源（内部归因 vs. 外部归因）的划分是归因的核心元素，且道歉是最常见的信任修复策略之一，因此，本研究聚焦于道歉方式在内部和外部归因上的信任修复效果差异。

相对于已有研究中对信任修复策略和修复过程的大量关注，有关信任方的个体差异如何影响信任修复效果的实证研究极少。在仅有的几项研究中，Desmet，De Cremer 和 Van Dijk（2011）考察了信任方特质性原谅（trait forgiveness）对信任修复效果的影响，结果显示，低原谅倾向的个体在再次信任决策中更重视忏悔信息，因此，相对于高原谅倾向的个体，主动的财务补偿的信任修复效果更好。Haselhuhn，Schweitzer 和 Wood（2010）通过实验细致考察了有关道德品质的内隐信念对修复效果的调节作用，结果显示，持渐变论（incremental belief，即认为道德品质随时间而改变）的个体，相对于持实体论（entity belief，即认为道德品质不能改变）的个体，在违背方道歉或表现出可信任行为后，更可能信任他们，但该研究没有兼顾信任修复策略的差异。

综上所述，已有关于信任修复的研究多从违背方角度分析信任修复努力与修复效果的关系，对信任方特质的关注相对较少，更少有研究考察信任方特质和被信任方信任修复努力如何共同影响信任修复效果。当前企业员工"跳槽"、另觅高就的现象非常普遍，这在一定程度上破坏了员工和企业间的心理契约。本研究立足该社会现实，拟采用实验法考察信任方的内隐人格理论和信任违背方的道歉方式如何影响信任修复效果。

（二）研究假设

归因的跨文化研究结果显示，东西方人在对他人行为的归因方式上存在差异——相对于西方人对个人特质的关注，东方人更强调情境对行为的影响（Morris & Peng，1994）。当个体对自己的行为做内部归因、承认自己的不足时，他人会提高对其坦诚性的感知，特别是涉及正直型信任违背时，这种内归因行为显示了违背方的忏悔意愿，进而能提高信任修复效果。故本研究认为，相对于外归因，内归因式的道歉能更有效促进信任修复（研究假设 1）。

内隐人格理论（Implicit Theories of Personality，ITPs）是人们在人际交往过程中逐渐形成的有关人格特质固定性与可塑性信念的一种朴素理论（Dweck，Chiu，& Hong，1995；Levy et al.，2001）。依据所持内隐人格理论的差异，个体可分化为两大类：认为人格属性或特质是固存的，即实体论者（entity theorist）；坚信人格属性或特质是渐变的，即渐变论者（incremental theorist）（Ziegler & Stoeger，2010）。研究发现，不同内隐人格理论者会形成不同的归因模式（内部归因 vs. 外部归因）、推理模式（直觉推理 vs. 形式推理）和判断模式（直觉判断 vs. 理性判断），进而影响社会知觉与他人印象形成（Blackwell，Trzesniewski，& Dweck，2007）。本研究认为，渐变论者认为人格或特质是可变的，当违背方承认自己的不足并表达忏悔时，更可能相信违背方随后会表现出与此前不同的特征和行为，因此更可能接受违背方的内归因式道歉；而实体论者认为人格或特质是固定不变的，不太可能相信被试会真正"改过自新"，因此，道歉类型对信任修复的影响不显著（研究假设 2）。

二　研究方法

（一）被试

选取 T 市 2 所大学毕业班 400 名学生参加本研究，删除不按答题要求答题或者漏答的无效问卷 17 份，最终得到有效问卷 383 份。其中，男生203 人，女生 180 人；所学专业偏文科的 217 人，偏理科的 166 人。每位参与研究的被试都得到一份小礼物作为回报。

（二）实验设计

采取 2（信任方内隐人格理论：实体论 vs. 渐变论）×2（违背方道歉方式：内归因 vs. 外归因）的被试间设计，因变量为信任修复效果。

（三）变量的操作和测量

内隐人格理论。通过阅读文字材料实现对内隐人格理论的启动，该阅读材料改编自 Chiu 等（1997）的研究，并被多次证明启动的有效性（Haselhuhn et al.，2010）。

在本研究中，实体论组呈现的阅读材料的主要观点是：人们以前可能会认为人格有很多变化的潜力，但是很多科学家经过长期的纵向研究都表明，人格是比较稳定的，外部因素也很难改变它。例如，"Medin 博士对1988 年至 2008 年间发表的十六项纵向人格研究进行了元分析（meta-analysis），发现这十六项研究虽然采用了不同的样本和理论，但在证明人格稳定性问题上是非常一致的"。

渐变论组呈现的阅读材料的主要观点则是：人们以前可能会认为人格很难发生改变，但是很多科学家经过长期的纵向研究都表明，人格并不是固若磐石的，通过外部努力是可以矫正人格的。例如，"Medin 博士对 1988 年至 2008 年间发表的十六项纵向人格研究进行了元分析（meta-analysis），发现这十六项研究虽然采用了不同的样本和理论，但在证明人格的可塑性问题上是非常一致的。在人一生当中的各个阶段，人格都有可能发生改变"。

为了掩盖研究意图并检验被试阅读的认真程度和实验操作的有效性，在随后的阅读理解测试题中，被试需要判断一些专有名词是否在文章中出现过，一些观点是否与文章内容一致（如"实验研究表明，人格特征是比较固定的，在日后的发展中也是比较固定的"）等。在测试题最后，通过"你认为人格是稳定的吗？"李克特 7 点量表计分（从 1 "非常不同意" 到 7 "非常同意"），检验内隐人格理论操作的有效性。

信任违背和修复策略。采用角色扮演法模拟信任违背情景。虽然以往相关研究多采用曾经有过计税错误经历的会计员工再次找工作的模拟招聘情景，来构建信任违背情景（Kim et al.，2004；2006）。但考虑到中国税收的实际情况及大学生相关知识的储备情况，本研究兼顾了实验情景的敏感性和真实性，设计了一个员工跳槽之后想重新回原公司的情景，要求被试想象自己是公司人力资源管理部门的负责人，对该事件进行决策。

以往研究多采用录像的形式来呈现信任修复过程，本研究考虑到采用录像的形式对演员的演技要求很高，而且演员本身的特点（比如外貌）可能会成为影响被试进行人事决策判断的无关变量。综合考虑之下，本研究选择阅读材料创造实验场景的形式，呈现信任修复过程。在内归因组的实验材料中，跳槽员工李某在道歉中把主要责任归结为自己当时贪图高职、高待遇；而在外归因组的实验材料中，李某在道歉中则强调了当时工作压力大、身体不好、家人压力等外在因素。

在呈现完信任违背和修复材料后，被试需要完成一道操作检验题"从李某的谈话材料中可以看出，他对跳槽事件的主要态度是什么？"，选项为

"承认是他个人的责任，是自己抵挡不住诱惑，为了满足高职位的虚荣心"（完全内归因），"承认有他的责任，但只是部分责任，主要因为业务经理职位的高工作强度和高压力"（部分内归因）和"完全否认自己的责任"（完全外归因）。

信任修复效果。通过两道题测量，其中，一道借鉴了 Kim 等人（2006）研究中测量录取违背方的可能性的测试题，即"你接受李某回公司的可能性有多大?"；另一道自编测量"如果李某回到公司工作，你同意让他承担对公司很重要的核心职位的可能性"，采用 7 点计分（从 1 "非常不可能" 到 7 "非常可能"）。在本研究中，该测量的内部一致性系数为 0.67。

信任倾向。为了控制个人信任倾向的影响，本研究采用 Wrightsman（1991）编制的《信任倾向量表》（中文版）测量该变量，总共 4 道题，例如"我在大多情形下通常信任他人直到有理由说明他们不可信"，采用 7 点计分（从 1 "非常不同意" 到 7 "非常同意"）。在本研究中，该量表的内部一致性系数为 0.71。

以上两变量都以测量题目的均值作为相应变量的得分。

（四）实验程序

实验开始，前研究者告知被试将要完成两个不相关的研究，第一个是认知心理学中关于阅读理解和短时记忆的研究，第二个是人力资源管理的角色扮演研究。在第一个研究中，需要被试阅读一份文字材料（启动内隐人格理论），限时 5 分钟，5 分钟之后阅读材料将被收回，并下发测试题，完成针对刚才阅读材料的测试题（包含操作检验）。

第一个研究结束后，让被试稍作休息，然后告知被试下面要进行人力资源管理的角色扮演研究，被试想象自己是公司人力资源管理的决策者，需要处理一件与人力资源相关的事件，并给被试呈现角色扮演材料（信任违背和修复的操作）。要求被试仔细阅读后，按要求完成材料后面的题目（操作检验、因变量及人口学变量的测量）。在实验结束后的事后解释环节，没有被试报告认为两部分研究有关联，也没有被试报告事先猜到本研究的真实目的。

（五）统计软件

所有数据采用 SPSS 23.0 统计软件进行分析。

三 研究结果

本研究四种实验条件下的信任修复得分如表1所示：方差分析结果显示，不同年级和专业的被试报告的信任修复效果差异都不显著，并且信任倾向对信任修复效果的预测作用也不显著（$\beta = 0.07$，$SE = 0.07$，$t = 0.98$，$p = 0.33$）。故，随后的分析没有控制这些个体差异变量。

表1 不同实验条件下信任修复效果的描述性统计结果

内隐人格理论	道歉方式	平均值 M	样本数 N	标准差 SD
实体论	内归因	3.64	107	1.23
	外归因	3.31	119	1.39
	合计	3.46	226	1.33
渐变论	内归因	3.70	96	1.27
	外归因	3.02	61	1.56
	合计	3.44	157	1.42
合计	内归因	3.67	203	1.25
	外归因	3.21	180	1.45
	合计	3.45	383	1.36

（一）操作检验

为了检验内隐人格理论操作的有效性，以"你认为人格是稳定的吗？"一题的得分为因变量、以内隐人格理论操作为分组变量，进行独立样本 t 检验。结果显示，实体论组被试在此题上的得分（$M = 5.36$，$SD = 1.35$）显著高于渐变论组被试在此题上的得分（$M = 3.92$，$SD = 1.78$），$t = 8.54$，$p < 0.001$，说明本研究对内隐人格理论的操作是有效的。

为了检验信任修复策略操作的有效性，通过交叉列量表分析考察了道歉方式操作与被试对道歉类型感知的一致性。结果显示，在内归因道歉组中，94.3%的被试认为，李某的道歉承认了跳槽事件主要是他自己的责任；而在外归因道歉组中，该比例仅为 4.4%，χ^2（2）= 154.30，$p < 0.001$。也就是说，内归因道歉组的被试更偏好于将违背方的道歉内容感知为内归因占主导，而外归因道歉组的被试更偏好于将违背方的道歉内容感知为外归因占主导，支持了信任修复策略操作的有效性。

（二）假设检验

以两个实验启动条件为自变量、以信任修复效果为因变量，进行多因素方差分析得到，F（3，382）=4.32，$p < 0.01$，$\eta^2 = 0.36$。其中，道歉方式的主效应显著，F（1，382）=12.71，$p < 0.001$，即内归因式道歉组中的被试（$M = 3.67$，$SD = 1.25$）相对于外归因式道歉组中的被试（$M = 3.21$，$SD = 1.45$），更可能接受信任违背者，支持了研究假设 1；内隐人格理论的主效应不显著，F（1，382）=0.058，$p = 0.45$；本研究更关注的道歉方式和内隐人格理论的交互效应边缘显著，F（1，382）=2.89，$p = 0.09$。进一步的简单效应分析显示，对于被启动渐变论的被试，处于内、外归因式道歉条件下的信任修复效果差异不显著（$d = 0.33$，$SE = 0.17$，$t = 1.92$，$p = 0.06$）；对于被启动实体论的被试，在内归因式道歉条件下比在外归因式道歉条件下报告了更好的信任修复效果（$d = 0.68$，$SE = 0.24$，$t = 2.85$，$p < 0.01$），没有支持研究假设 2。

由于实体论组仍有约 0.9% 的被试在一定程度上不同意人格是稳定不变的，即在内隐人格理论操作检验上的得分小于 4；同样，渐变论组仍有约 18% 的被试在一定程度上同意人格是稳定不变的，即在内隐人格理论操作检验上的得分大于 4。对道歉方式操作也存在启动条件和操作检验结果不完全一致的情况。为了更严格地检验本研究假设，以信任修复效果得分为因变量、以道歉方式操作检验得分为自变量、以内隐人格理论操作检验得分为调节变量，运用 SPSS 中的 PROCESS 程序（Hayes，2013），通过回归方程检验内隐人格理论对道歉方式与信任修复效果关系的调节效应。结果显示，整体回归方程显著，F（3，379）=15.21，$p < 0.001$，$R^2 = 0.11$。与方差分析结果一致，道歉方式的主效应显著，$\beta = -0.77$，$SE = 0.12$，$t = -6.29$，$p < 0.001$，即相对于采取外归因方式道歉的信任违背者，人们更倾向于接受采取内归因方式道歉的信任违背者，支持了研究假设 1；内隐人格理论的主效应不显著，$\beta = -0.04$，$SE = 0.05$，$t = -0.96$，$p = 0.34$；道歉方式与内隐人格理论的交互效应显著，$\beta = -0.15$，$SE = 0.07$，$t = -2.08$，$p = 0.03$。进一步的简单效应分析显示，当信任方偏好相信人格稳定（持实体论）时，内归因道歉方式对信任修复的促进作用（$\beta = -1.03$，$SE = 0.17$，$t = -6.07$，$p < 0.001$）要显著高于信任方持渐变论时的促进作用（$\beta = -0.51$，$SE = 0.18$，$t = -2.85$，$p = 0.005$），没有支持研究假设 2。也就是说，回归分析结果进一步支持了内归因式道歉的优势，但对于内隐人格理论的具体调节模式，与研究假设 2 恰好相反。具体交互

作用模式如图 1 所示。

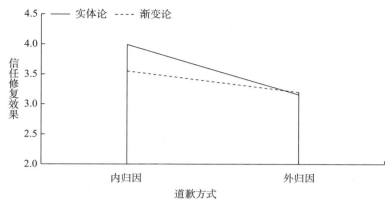

图 1　内隐人格理论对道歉方式与信任修复效果关系的调节作用

四　讨论

本研究以企业员工违约跳槽为背景，通过情景模拟实验考察了信任方的内隐人格理论和违背方的道歉方式如何共同影响信任修复。结果显示，与研究假设 1 一致，相对于外归因的道歉方式，内归因的道歉方式更能有效修复信任，具体表现在被试报告更可能接受做内归因道歉的违约跳槽员工回到原公司并赋予重任。由于违约跳槽现象属于正直型信任违背，因此本研究结果与先前研究者在西方社会中发现的外归因式道歉比内归因式道歉对正直型信任违背的修复效果更好（Kim et al.，2006）正好相反。这在一定程度上体现了归因的跨文化差。

本研究没有支持渐进论者相比于实体论者在信任修复方面的优势（Haselhuhn et al.，2010）。这体现在，一方面，没有发现信任方的内隐人格理论对信任修复的主效应；另一方面，没有发现内归因式道歉对信任修复的促进作用在渐进论者中更突出。相反，研究结果显示，在实体论者中，内归因式道歉对信任修复的促进作用显著；而在渐进论者中，道歉方式对信任修复的影响不显著。这可能受本研究所设定的信任违背情景所限。跳槽在当代青年人中非常普遍，《2016 年中国大学生就业报告》显示，34%的大学毕业生在工作半年内就有离职经历，且"不知道自己想干什么"是重要原因。大学生作为该信任违背情景的"利益相关者"更理解并更可能在未来做出这种行为，出于自我保护，他们不会认为跳槽本身对判断个体可信度有诊断意义。当违背方将跳槽行为归为自身原因时，大学生更倾向于认为该个体是坦诚、值得信任的。如果他们是实体论者，会进一步认为这种坦诚和可信度会在违背方以后的工作中继续体现，进而愿意接受该违背者，正如接受未来可能做出类似信任违背行为的自己；而如果他们是渐变论者，即认为可信度是会变化的，违背方通过内归因式道歉所表现出来的坦诚和可信度并不意味着其在随后的工作中也会值得信赖，因此对信任修复的促进作用不显著。

本研究不但丰富了双向视角（信任方和违背方）下的信任修复过程研究，而且对信任修复实践有一定启发意义。例如，为了达到理想的信任修复效果，违背方不但要关注修复策略（内归因式道歉 vs. 外归因式道歉）的差异，而且需要考虑信任方的人格特质。另外，通过向信任方传递包含特定内隐人格理论观点的权威信息，可能会改变特定信任修复策略的有效性。值得注意的是，信任修复不等同于信任恢复，受损的信任关系只能在一定程度上得到修复，而很难被彻底恢复（姚琦等，2012）。信任修复的长期效果是未来研究值得关注的问题。另外，正如前文中提到的，本研究出于情景真实性和被试卷入度的考虑，选取的是企业员工跳槽这一情景，但这种高卷入也可能引发被试的自我保护动机，使被试更多地站在违背方角度，做出不同于信任方（企业）所做的决策。未来研究可以企业管理者为被试或选择其他信任违背情景，进一步检验本研究结果的有效性。此外，本研究仅从理论角度猜测了渐进论提升内归因式道歉对信任修复效果的促进作用的可能原因，该解释的有效性还需实证研究证据的支持。

五　结论

相对于外归因的道歉方式，内归因的道歉方式对由员工违约跳槽而导致的信任违背的修复效果更好。信任方的内隐人格理论能调节道歉方式与信任修复之间的关系：相对于信任方是渐进论者，当信任方是实体论者时，内归因的道歉方式对信任修复的促进作用更强。

参考文献

吕小康、张慧娟，2017，《医患社会心态测量的路径、维度与指标》，《南京师大学报》（社会科学版）第 2 期，第 105～111 页。

吕小康、朱振达，2016，《医患社会心态建设的社会心理学视角》，《南京师大学报》（社会科学版）第 2 期，第 110～116 页。

汪新建、王丛、吕小康，2016，《人际医患信任的概念内涵、正向演变与影响因素》，《心理科学》第 5 期，第 1093～1097 页。

严瑜、吴霞，2016，《从信任违背到信任修复：道德情绪的作用机制》，《心理科学进展》第 4 期，第 633～642 页。

姚琦、乐国安、赖凯声、张溪、薛婷，2012，《信任修复：研究现状及挑战》，《心理科学进展》第 6 期，第 902～909 页。

Blackwell, L. S., Trzesniewski, K. H., & Dweck, C. S. (2007). Implicit theories of intelligence predict achievement across an adolescent transition: A longitudinal study and anintervention. *Child Development*, 78 (1), 246–263.

Breuer, C., Hüffmeier, J., & Hertel, G. (2016). Does trust matter more in virtual teams? A meta-analysis of trust and team effectiveness considering virtuality and documentation as moderators. *Journal of Applied Psychology*, 101 (1), 1151–1177.

Chiu, C. Y., Hong, Y. Y., & Dweck, C. S. (1997). Lay dispositionism and implicit theories of personality. *Journal of Personality and Social Psychology*, 73 (1), 19–30.

Chiu, C. Y., Morris, M. W., Hong, Y. Y., & Menon, T. (2000). Motivated cultural cognition: The impact of implicit cultural theories on dispositional attribution varies as a function of need for closure. *Journal of Personality and Social Psychology*, 78, 247–259.

Desmet, P. T. M., De Cremer, D., & Van Dijk, E. (2011c). Trust recovery following voluntary or forced financial compensations in the trust game: The role of trait forgiveness. *Personality and Individual Differences*, 51, 267–273.

Dweck, C. S., Chiu, C. Y., & Hong, Y. Y. (1995). Implicit theories: Elaboration and extension of the model. *Psychological Inquiry*, 6 (4), 322–333.

Ferrin, D. L., Kim, P. H., Cooper, C. D., & Dirks, K. T. (2007). Silence speaksvolumes: The effectiveness of reticence in comparison to apology and denial forrepairing integrity-and competence-based trust violations. *Journal of Applied Psychology*, 92 (4), 893–908.

Haselhuhn, M. P., Schweitzer, M. E., & Wood, A. M. (2010). How implicit beliefs influence trust recovery. *Psychological Science*, 21 (5), 645–648.

Hayes, A. F. (2013). *Introduction to Mediation, Moderation, and Conditional Process Analysis: A Regression-based Approach.* New York: Guilford Press.

Jong, B., Dirks, K. T., & Gillespie, N. (2016). Trust and team performance: A meta-analysis of main effects, moderators, and covariates. *Journal of Applied Psychology*, 101 (8), 1134–1150.

Kim, P. H., Dirks, K. T., Cooper, C. D. & Ferrin, D. L. (2006). When moreblame is better than less: The implications of internal vs. external attributions for the repair of trust after a competence-vs. integrity-based trust violation. *Organizational Behavior and Human Decision Processes*, 99 (1), 49–65.

Kim, P. H., Ferrin, D. L., Cooper, C. D., & Dirks, K. T. (2004). Removing the shadow of suspicion: The effects of apology vs. denial for repairing ability-vs. integrity-based trust violations. *Journal of Applied Psychology*, 89 (1), 104 – 118.

Levy, S. R., Plaks, J. E., Hong, Y. Y., Chiu, C. Y., & Dweck, C. S. (2001). Static versus dynamic theories and the perception of groups: Different routes to different destinations. *Personality and Social Psychology Review*, 5 (2), 156 – 168.

Mayer, R. C., Davis, J. H., & Schoorman, F. D. (1995). An integrative model of organizational trust. *Academy of Management Review*, 20 (3), 709 – 734.

Morris, M. W., & Peng, K. (1994). Culture and cause: American and Chinese attributions for social and physical events. *Journal of Personality and Social Psychology*, 67 (6), 949 – 971.

Rousseau, D. M., Sitkin, S. B., Burt, R. S., & Camerer, C. (1998). Not so different after all: A cross-discipline view of trust. *Academy of Management Review*, 23 (2), 393 – 404.

Schoorman, F. D., Mayer, R. C., & Davis, J. H. (2007). An integrative model of organizational trust: Past, present, and future. *Academy of Management Review*, 32 (2), 344 – 354.

Wrightsman, L. S. (1991). Interpersonal trust and attitudes toward human nature. In J. P. Robinson, P. R. Shaver, & L. S. Wrightsman (Eds.), *Measures of Personality and Social Psychological Attitude* (pp. 373 – 412). Academic Press, San Diego, CA.

Ziegler, A., & Stoeger, H. (2010). Research on a modified framework of implicit personality theories. *Learning and Individual Differences*, 20 (4), 318 – 326.

中国社会心理学评论　第 14 辑

第 151～160 页

© SSAP，2018

医方对消极医疗结果的责任归因研究[*]

汪新建　申　悦[**]

摘　要： 本研究采用情境故事法和三因素被试间实验设计，从结果事件的大小、结果事件的可控性和卷入水平这三个方面考察医方对消极医疗结果的责任归因。结果发现事件大小对责任变量、生气变量、批评变量、语言攻击和身体攻击变量均有显著影响，但对专家的信任度变量没有影响；事件可控性对责任变量、生气变量、批评变量、语言攻击和身体攻击变量有影响，对专家的信任度变量没有影响；卷入水平对责任变量、生气变量、批评变量、语言攻击和对专家的信任度变量有影响，对身体攻击这一变量没有影响。

关键词： 责任归因　消极医疗结果　医患关系　医患信任

一　前言

伴随我国医疗卫生体制的不断改革与深化，这一领域中的问题和矛盾也不可避免地浮出水面。我国医患信任关系正在不断恶化，医患纠纷的发生频次快速上升，暴力伤医行为逐年增加（汪新建、王丛，2016）。本研究认为，从归因理论出发以医方为研究视角对这个问题进行研究有利于对

　＊　本研究得到教育部哲学社会科学研究重大课题攻关项目（15JZD030）的资助。
　＊＊　汪新建，南开大学周恩来政府管理学院教授，博士生导师；申悦，南开大学周恩来政府管理学院硕士研究生。

目前医患关系紧张的问题做出解释。

归因理论由海德（Heider，1958）开拓，维纳（Weiner，1986）及其同事发展。维纳根据自己的一系列研究，提出了如下人际归因与责任推断的基本模型：①事件（如失败）→可控制性归因（缺乏努力）→有责任→情感（如生气）→行为（责备、报复和忽视等）；②事件（如失败）→不可控归因（缺乏努力）→无责任→情感（如同情）→行为（不责备、不报复或帮助等）（Weiner，2000）。从这个模型可以看出，人们的归因从事件的结果开始，对因果关系进行寻求。这不是由行为者自己做出归因，而是从观察者的角度去对所发生的行为进行判断，故而其归因结果与行为者的自我归因既可以是一样的，也可以是不同的。归因理论自提出至今，在几十年的发展中不断丰富和完善，取得了丰硕的研究成果。

在这个动机序列中，控制性归因占有非常重要的位置，如果人们认为事件的结果是可控的，可以有机会得出与当前不同的结果，那么行为者就应该对此结果负有责任（Weiner，2000）。这就决定了观察者对行为者后续的归因、情感和行为，也就是说，这决定了行为者的责任判断，有了决定后，也就会引起相应的不同反应。

二　研究设计

（一）研究方法

根据维纳人际归因与责任推断的基本模型，本研究提出的三个自变量为：事件大小、可控性和卷入水平。每个自变量均分为两个水平。事件大小的两个水平为事件大、事件小；可控性的两个水平是可控和不可控；卷入水平的两个水平为卷入水平高和卷入水平低。患者死亡代表事件大，患者手术效果不佳代表事件小；专家团队认为结果为现代医疗技术所限导致消极后果为不可控条件，无此描述则消极医疗结果为医生的可控情况；叙述为医生本人代表卷入水平高，叙述为医生的同事表示卷入水平低。为避免各种实验条件给被试造成影响，实验设计为被试间设计。

在以往对责任归因理论的研究中，因变量一般为责任、情感和行为结果（张爱卿、刘华山，2003），本研究参照以往对该理论的研究，结合医患信任事件的具体情况，将研究中的因变量定为：对医生的责任推断、对医生的生气程度、对医生的批评程度、对医生语言攻击和身体攻击的可能性以及对专家团队的信任程度。因变量采用李克特 7 点量表计分，如您认为自己（主刀医生）对该患者的死亡负有多大责任，1 表示极小责任，7 表示完全责任。

本研究采用自编情境问卷作为研究工具，问卷中采取了摘自某报纸的一个医疗纠纷案例作为情境材料，并根据研究需要进行了适当修改，不含任何关于真实事件的个人信息。材料的编制听取了多位在职医生的建议，并经过心理学专业教师、硕博研究生的讨论与修改。最终材料编写为：徐某被人用刀刺伤送入某院急诊科抢救，主刀医生经探查发现肾静脉有一个 2mm 裂口，判断是活动性出血，遂予以缝合。术后 4 小时发现引流管引出 2000ml 红色血性液体。此后病情持续恶化，最终患者死亡。经过医疗调解委员会组织的专家团队调查，患者左侧第一腰椎动脉断裂伤，术中医生未能发现并进行修补。患方认为，医生未能发现其左侧第一腰椎动脉断裂伤是造成不良后果的原因。

（二）被试

本研究的实施采用了网络问卷平台和线下问卷调查同时收集的方式，调查的对象为医生群体。其中 60 份线下问卷在天津市某医院收集，共回收答卷 260 份，均为有效答卷。其中男性 98 人，女性 162 人，平均年龄为 36.8 岁（$SD = 7.3$）。

三　医方责任归因的研究结果与分析

（一）各因变量在不同条件下的描述性统计

本研究共 6 个因变量，其在各条件下的基本情况见表 1 和表 2。

表 1　事件大条件下各因变量的描述性统计（$N = 129$）

变量	可控（$N = 58$）				不可控（$N = 71$）			
	卷入水平高		卷入水平低		卷入水平高		卷入水平低	
	M_d	SD_d	M_d	SD_d	M_d	SD_d	M_d	SD_d
责任	4.20	1.324	5.82	1.307	3.15	1.905	4.10	1.626
生气	5.10	1.729	6.46	0.838	4.98	1.891	5.73	1.552
批评	4.33	1.647	5.75	1.378	3.37	2.107	3.97	1.771
语言攻击	5.47	1.613	6.50	0.882	5.93	1.385	5.57	1.870

续表

变量	可控（$N=58$）				不可控（$N=71$）			
	卷入水平高		卷入水平低		卷入水平高		卷入水平低	
	M_d	SD_d	M_d	SD_d	M_d	SD_d	M_d	SD_d
身体攻击	4.50	1.635	4.79	1.524	4.46	1.551	4.13	2.113
对专家的信任度	5.50	1.137	5.04	1.503	5.63	1.220	5.07	1.818

注：M_d 表示均值差，SD_d 表示均值差的标准差。

表 2　事件小条件下因变量的描述性统计（$N=121$）

变量	可控（$N=58$）				不可控（$N=63$）			
	卷入水平高		卷入水平低		卷入水平高		卷入水平低	
	M_d	SD_d	M_d	SD_d	M_d	SD_d	M_d	SD_d
责任	6.10	0.662	4.07	1.361	3.50	1.762	5.53	0.681
生气	6.17	0.592	5.76	1.057	5.53	1.562	5.77	0.858
批评	6.37	0.669	4.03	1.636	3.06	1.772	5.67	0.771
语言攻击	6.33	0.547	5.83	1.167	6.15	1.417	6.13	0.860
身体攻击	3.07	1.285	4.17	1.583	4.88	1.591	5.23	1.006
对专家的信任度	6.00	0.734	4.50	1.662	5.70	1.591	5.20	1.031

注：M_d 表示均值差，SD_d 表示均值差的标准差。下同。

（二）责任变量上的差异检验

本部分研究从事件大小、可控性及卷入水平三个方面来考察医方对消极医疗结果的责任归因，即当出现消极的医疗结果时，被试作为医生对于故事情境中的医生的责任推断。差异检验结果表明，三个因素的主效应、两两之间的交互作用以及三个因素之间的交互作用都显著（$p < 0.05$）。

由表 3 可知，当医生的卷入水平高时（设想自己是主刀医生），若事件可控，事件小的时候医生推断自己的责任显著大于事件大的时候，也就是说其认为手术效果不佳时自己的责任更大些；若事件不可控，责任推断在事件大小之间无显著差异。当医生的卷入水平低时（设想自己是该主刀医生的同事），若事件可控，那么事件大时医方推断其责任显著大于事件小的时候；若事件不可控，那么事件小的时候医生推断自己的责任显著大于事件大的时候。

表 3　事件大小、可控性及卷入水平在责任变量上的差异检验

变量	事件大		事件小		df	t（大－小）
	M_d	SD_d	M_d	SD_d		
可控－卷入水平高	4.20	1.324	6.10	0.662	58	－7.033 ***
不可控－卷入水平高	3.15	1.905	3.50	1.762	73	－0.828
可控－卷入水平低	5.82	1.307	4.07	1.361	55	4.956 ***
不可控－卷入水平低	4.10	1.626	5.53	0.681	58	－4.452 ***

（三）生气变量上的差异检验

对于医方来说，事件大小主效应不显著，可控性与卷入程度的主效应显著（$p < 0.05$），说明事件的可控性与医生的卷入程度都对生气变量产生影响，事件大小与可控性的交互作用不显著，事件大小与卷入程度的交互作用显著（$p < 0.05$），可控性与卷入程度间交互作用不显著，这三个变量间的交互作用也不显著。

对事件大小与卷入程度间的交互作用进行分析，可以发现，结果事件大时，医生的卷入水平在生气变量上存在显著差异（$t = -3.728$，$p < 0.05$），卷入水平低时对案例中的医生的生气程度显著高于卷入水平高时，当结果事件小时，卷入水平的高低之间差异不显著。

（四）批评变量上的差异检验

批评变量是探讨出现消极医疗结果后医方对当事医生的批评程度，检验结果表明事件大小、可控性和卷入水平三个因素主效应均显著（$p < 0.05$），且可控性与卷入水平之间的交互作用显著（$p < 0.001$），三个因素之间交互作用显著（$p < 0.001$）。对三个因素间的交互作用进行分析如表 4 所示：

表 4　事件大小、可控性及卷入水平在批评变量上的差异检验

变量	事件大		事件小		df	t（大－小）
	M_d	SD_d	M_d	SD_d		
可控－卷入水平高	4.33	1.647	6.37	0.669	58	－6.256 ***
不可控－卷入水平高	3.37	2.107	3.06	1.722	73	0.681
可控－卷入水平低	5.75	1.378	4.03	1.636	55	4.274 ***
不可控－卷入水平低	3.97	1.771	5.67	0.711	58	－4.879 ***

由表 4 可知，在批评变量上，当事件可控且卷入水平高时，事件大小两个水平间存在显著差异，事件小的情况下对医生的批评程度显著高于事件大的情况；当事件不可控且卷入水平高时，事件大小两个水平间差异不显著，也就是说在卷入水平高的情况下，事件不可控时人们对于医生是否应该受到批评的判断是一致的。卷入水平低时，如果事件可控，那么事件大与事件小之间存在显著差异，事件大的水平明显高于事件小的水平；如果事件不可控，则结果相关，事件小的水平下对医生的批评程度明显高于事件大的水平。

（五）语言攻击变量上的差异检验

语言攻击变量是探讨在医方看来，患方对医生进行语言攻击的可能性。检验结果显示，在语言攻击变量上，事件大小、可控性和卷入程度的主效应均不显著，两两之间交互作用也不显著，但是三个因素之间交互作用显著（$p < 0.01$）。对这一交互作用的分析见表 5。

表 5 事件大小、可控性及卷入水平在语言攻击变量上的差异检验

变量	事件大		事件小		df	t（大 - 小）
	M_d	SD_d	M_d	SD_d		
可控 - 卷入水平高	5.47	1.613	6.33	0.547	58	-2.787 **
不可控 - 卷入水平高	5.93	1.385	6.15	1.417	73	-0.678
可控 - 卷入水平低	6.50	0.882	5.83	1.167	55	2.448 *
不可控 - 卷入水平低	5.57	1.870	6.13	0.860	58	-1.508

由表 5 可知，在事件可控的条件下，卷入水平高和卷入水平低时事件大小两水平间均存在显著差异，卷入水平高时，事件小的条件显著大于事件大的条件；卷入水平低时，事件大的条件显著大于事件小的条件。在不可控卷入水平高和不可控卷入水平低的条件下，事件大小两个水平间的差异不显著。

（六）身体攻击变量上的差异

在身体攻击变量上，可控性因素的主效应显著（$p < 0.01$），事件大小与可控性之间的交互作用显著（$p < 0.001$）。

对事件大小和可控性的交互作用进行检验发现，当事件大时，在身体攻击变量上可控与不可控水平之间存在显著差异（$t = 0.479$，$p < 0.05$），

可控水平下当事医生会受到身体攻击的可能性显著大于不可控水平。当事件小时，可控水平与不可控水平间无显著差异。

（七）　对专家信任度变量上的差异检验

在对专家信任度变量上的差异检验结果显示，卷入程度的主效应显著（$p < 0.001$），变量间交互作用均不显著。这说明对专家的信任度受到卷入水平的影响。卷入水平高时，医方对专家的信任显著高于卷入水平低时（$t = 4.288$，$p < 0.001$）。

四　分析与讨论

由以上数据分析结果可知，事件大小和可控性这两个变量在责任变量、生气变量、批评变量、语言攻击和身体攻击变量上均有影响，只在对专家的信任度这一变量上没有影响。卷入水平这一变量在责任变量、生气变量、批评变量、语言攻击和对专家的信任度变量上均有影响，只在身体攻击这一变量上没有影响。总的来说，这三个因素对于医生进行责任归因以及其情绪和行为反应都有较大影响。下面分别进行讨论。

（一）　责任变量结果分析

在进行责任推断时，事件大小与事件可控性以及卷入水平间存在显著交互作用。在医生的卷入水平高的情况下，如果事件不可控，则事件大小对责任推断无显著影响；如果事件可控，则事件小的时候医生推断自己的责任显著大于事件大的时候。我们知道医生这一职业对专业素养的要求非常高，工作内容与工作对象要求他们需要对业务水平有更苛刻的要求，所以当事件小且可控的时候，他们对自己提出更高的要求以达到其对结果的预期。但是如果事件是不可控的，医生则认为要接受现代医疗水平的限制这一事实，不会像患方一样有着过高的不合理期待。

当医生的卷入水平低时，事件可控的条件下他们认为当事医生对事件结果应负更大的责任。在可控条件下，人们还是倾向于根据事件大小进行责任归因推断。若结果不可控，则事件小的水平在责任推断时显著大于事件大的水平，这是医生的专业背景所致，即使是在事件不可控情况下，事件小的结果属于医生应该避免的方面，出于对其职业责任的要求，被试会认为医生应该对此负责。

（二）生气变量结果分析

在生气变量上，事件大小与卷入水平交互作用显著。当事件小时，卷入水平的高低之间差异不显著，即当事件小的时候，被试能保持相对客观的态度，生气情绪没有太大的差异。事件大时，医生的卷入水平在生气变量上存在显著差异，卷入水平低时对案例中的医生的生气程度显著高于卷入水平高时。对于严重的结果，当假设自己是当事人时，人们更倾向于对自己宽容，当假设自己是主刀医生的同事时，即自己是旁观者时，人们更着重于分析事件本身，对案例中的医生更生气。

控制性因素对于生气变量也有显著影响，在医生群体中，普遍感到在可控的条件下对当事医生更生气。当事件可控时，说明消极医疗结果可以避免，在有能力做好却没有做好时，就会引起他人的生气情绪。当事件不可控时，医生的生气情绪相对小一些，这与医生的专业背景有关，医生对于医疗技术的限制有着更为深刻的了解，所以在不可控的情况下医生会更坦然地面对消极医疗结果。

（三）批评变量结果分析

在批评变量上，三个因素之间交互作用显著。当事件可控且卷入水平高时，事件大小两个水平间存在显著差异，事件小的情况下对医生的批评程度显著高于事件大的情况，在事件小的条件下，他们认为自己更应受到批评。当事件不可控且卷入水平高时，结果事件大小两个水平间差异不显著，对于医生是否应该受到批评的判断是一致的。事件不可控对于医生群体来说是可以理解的，正如医生群体在生气变量上的表现一样，当事件不可控时，医生群体会更为理解这一结果是受到现代医疗技术的限制，而不受人的主观意识的控制，因此医生群体对于当事医生的批评程度也就没有差别。

卷入水平低时，如果事件可控，事件大的水平明显高于事件小的水平；如果事件不可控，事件小的水平下对医生的批评程度明显高于事件大的水平。卷入水平低时，医生群体更能从相对客观的角度来评价。当事件可控且事件大时，由于在可控条件下造成了如此大的消极医疗结果，所以对当事医生的批评是合理的。但在事件不可控的情况下，医生群体对于事件小的结果批评更重，在出现重大消极结果时，会认为这样的结果不可避免，对其批评程度更轻些。

（四）语言攻击和身体攻击变量结果分析

在语言攻击变量上，三个因素间交互作用显著。在事件结果不可控时，医生群体对于当事医生是否会受到患方的语言攻击的估计不受卷入水平和事件大小的影响，均认为有较高可能性受到患方的语言攻击。语言攻击在媒体报道和日常生活中均为常见的冲突形式，在出现医疗纠纷和医患冲突时，患方在情绪激动的状态下会出现对医生的语言攻击。

在事件结果可控时，医生群体认为当事医生受到语言攻击的可能性受到卷入水平和事件大小的影响：当卷入水平高时，医生群体认为事件小的情况下当事医生受到语言攻击的可能性更大；当卷入水平低时，认为结果事件大时当事医生更有可能受到语言攻击。

在身体攻击变量上，结果事件大小与可控性间存在显著差异。当结果事件大时，可控水平下当事医生会受到的身体攻击的可能性显著大于不可控水平。当结果事件小时，可控水平与不可控水平间无显著差异。可以想见，如果事件结果为可控的，但是当事医生的原因造成患者死亡时，患方对当事医生进行身体攻击的可能性也就越大。可以由此得知，医生群体对于自己会受到身体攻击的估计是较大的，这可能无形之中加重了医生的工作压力，也可能会给医疗过程带来某种程度上的影响。

（五）专家信任度变量结果分析

在对专家的信任度上，只有卷入水平对其产生显著影响，事件大小和可控性不影响医生群体对专家信任度的影响。医生的卷入水平高时对专家团队的信任度显著高于卷入水平低的条件。从专业背景上看，医生与专家团队一样有着同样的医学背景，对医学科学的理解大致相同。当医生的卷入水平高时，他们更愿意相信专家团队的调查是客观准确的，相信他们对于医疗过程有着相对专业的评估。当医生的卷入水平低时，与此医疗过程有着相对距离感，更容易从旁观者的角度来思考问题。

五　总结

通过本研究的调查结果，可以发现事件结果对于责任归因有显著影响。事件结果的大小在一定程度上影响着人们对事件的关注度，当事件结果严重时，人们会更在意发生的事件，尤其是在与生命有关的医疗领域，对于这一结果的接受度影响着人们后续的情绪反应和行为反应。对于医方来说，事件结果不仅会影响医生对于工作结果的接受，也会影响医方对患方存在的顾虑。在事件大时，医生会对患方的反应存在一定的担心，导致其责任归因、情绪反应等一系列后果。

事件可控性是我们判断事件的责任归因的重要依据,在进行责任推断时,我们会从人的主观动机出发,看事件结果的出现是否由客观因素造成。若事件不可控,那么我们更倾向于接受这样的结果,接受我们所受的限制;但如果事件是可控的,就说明我们可以得到其他的结果,在这样的情况下,如果出现了不好的结果,那么就是人为的因素,这样的情况下医生就会受到人们的责备,对其进行更大的责任推断。在本研究中,事件可控性对于消极医疗结果的责任归因也产生影响。可以想见,当医生可以在治疗过程中为患者提供更好的方案以达到更好的治疗效果,但最后由于医生的原因而没有达到这种效果时,医生群体认为事件的控制性会影响其对当事医生的责任推断。

在进行责任归因时,卷入水平对医生也产生显著影响。卷入水平影响医生受批评程度以及对医生进行语言攻击和身体攻击的预估。对于医方来说,在卷入水平高时,医生考虑问题时不仅有其医生身份,也会从自身利益出发来考虑事件的结果对自己的影响;卷入水平低时医生保留其医学知识背景,从而有医生和旁观者的双重身份。

基于上述研究,可以认为:缓解国内当前紧张的医患关系,可从事件结果入手做一些前期工作。对于医方来说,要在总结多次案例的经验基础上制定针对不同结果的应对方案,一旦出现这一类的结果,可以及时有效地进行问题处理。这应成为一种预警机制,消极结果一出现就介入,尽早预防医疗纠纷和医患冲突,即使无法避免,也能得到有效的控制,在最大程度上减少冲突事件的影响。

参考文献

汪新建、王丛,2016,《医患信任关系的特征、现状与研究展望》,《南京师大学报》(社会科学版)第2期,第102~109页。

张爱卿、刘华山,2003,《责任、情感及帮助行为的归因结构模型》,《心理学报》第4期,第535~540页。

Heider, F. , (1958). *The Psychology of Interpersonal Relations.* New York: Wiley.

Weiner, B. , (1986). *An Attributional Theory of Motivation and Emotion.* New York: Springer-Verlag.

Weiner, B. , (2000). Intrapersonal and interpersonal theories of motivation from anattributional perspective. *Educational Psychology Review*, 12 (1), 1–14.

中国社会心理学评论　第 14 辑

第 161～171 页

© SSAP，2018

关系就医与关系信任：中国医患
形成初始信任判断的认知捷径[*]

王　华　刘金兰[**]

摘　要： 关系就医与关系信任是中国医患形成初始信任判断的认知捷径，是中国人以关系为中心的社会生存论在医疗互动场域的一种表现。乡村基层医疗机构的医患初始信任是一种建立在熟人共同体内的关系信任，乡村医疗情境中"医患共同决策"的互动模式、患者较低的风险感知、较小的情绪应激反应均降低了初始信任建立与发展的难度。医患信任危机是中国社会信任危机的一个缩影，面对传统医患关系中初始信任基础的瓦解，社会转型期制度信任的缺失，有必要引入文化心理学的视角，反思结合具体的社会文化情境构建医患信任，使其理论和干预模型更能贴近社会运作的实际。

关键词： 关系就医　关系信任　医患初始信任　计算型信任
文化心理学

近年来，我国恶性伤医事件频发，医患信任缺失的热点事件呈多发态势，国际知名医学期刊如《英国医学杂志》《柳叶刀》等也对中国的医患信任危机给予了关注（Hesketh，Wu，Mao，& Ma，2012；Lancet，2012；Zhao，Zhang，Bai，& Wang，2014）。根据王俊秀和杨宜音（2013）主编

---

[*]　本研究得到教育部哲学社会科学研究重大课题攻关项目（15JZD030）的资助。

[**]　王华，男，天津大学管理与经济学部博士研究生；刘金兰，女，天津大学管理与经济学部教授，博士生导师。

的《中国社会心态研究报告（2012—2013）》，医院是中国城市居民信任程
度最低的公共事业部门，医患信任危机已然成为中国社会信任危机在医疗
互动场域的一个缩影。如何重塑医患信任、如何修复破裂的医患信任关
系，这一议题引发了国内外学者的广泛关注（Lyu, Wu, Cai, & Guan,
2016；Lancet, 2014；Tucker et al. , 2015；王帅、张耀光、徐玲，2014）。
本文拟从中国式的关系就医与应诊行为入手，分析中国医患形成初始信任
判断所依赖的认知捷径，以及乡村医患在熟人社会情境下的关系信任取
向，进而探讨医学行为背后映射出的中国社会文化特性，由此反思结合具
体的社会文化情境构建医患信任的重要性。

一　关系就医：医患建立初始信任的
工具性方法

从信任在双方交往过程中产生的时间来看，医患信任关系存在一个初
始信任阶段，也就是医患初始信任（Doctor-Patient Initial Trust），指医患个
体在最初的人际交往阶段，一方在一定程度上相信对方不会做出不利于自
己甚至有害于自己行为的一种预期判断和心理状态。其中"初始（ini-
tial）"指的是医患双方没有交互作用的历史，初次见面或初次打交道
（Hillen et al. , 2014；李德玲、卢景国，2011）。虽然医患关系通常情况下
是一种没有交互历史的临时关系，然而第一次接触的医患个体之间并且没
有信任可言，双方的信任实际自见面之时甚至见面之前便已建立，并在初
次见面时发生作用。制度信任、群际信任、个体特质等因素在陌生的医患
个体初次见面或者见面之前，已经为其初始信任的形成奠定了基础。从医
疗活动持续的时间来看，医患初始信任建立的就医情景包括两种情况：其
一是指在某次医疗过程中，患者与医护人员开始互动时的信任状态，这一
初始信任类型一般发生在短期的医疗活动中，例如一次感冒的治疗过程，
有可能患者与特定医护人员的医疗活动只持续一次，而患者与医护人员双
方都没有长期互动的打算；其二是指在患者和某一特定医护人员一系列的
医疗互动过程中，在患者初诊时或治疗初期医患双方的信任状态，这一信
任类型一般发生在中长期医疗活动中，患者和特定医护人员为治疗某一慢
性病或疑难病症（如糖尿病、白血病等）而长期发生交往，这种类型的初
始信任有可能进一步发展为持续信任。在治疗小病、常见病等短期医疗活
动中，医患关系具有明显的临时性，尽管信任的结果并不一定具有互惠
性，但是即使没有交互历史的医患双方也可能展现出较高水平的初始信

任，高初始信任确实存在并且有助于形成医患个体之间高度的合作意愿。而对于中长期的医疗活动，患者与特定医护人员之间医疗互动的持续性（visit continuity）、合作关系的长期性（longer duration）会对双方的可信度知觉造成影响，医患信任会随着积极互动、积极归因的积累而逐渐增强（Hillen，de Haes，& Smets，2011）。在医患关系的不同阶段，信任判断所利用的信息和线索是不同的，故而，每个阶段医患信任的状态与信任形成的心理机制也是不同的（汪新建、王丛、吕小康，2016）。

医患关系是建立在医生帮助患者有效处理健康问题基础上的一种临时性角色关系，医患双方需要在零交往的基础上，借助头脑中的定型、分类、刻板印象等认知图式，利用已有的就医或诊疗经验，在短时间内形成初始信任，以便于控制临时关系中的不确定性、脆弱性、风险性和预期问题，而信任判断所依据的经验来源可以是角色、类别、制度或第三方推荐（Robert，Dennis，& Hung，2009）。在医患初始关系阶段，信任方缺乏被信任方的第一手资料或其个体特征信息，而基于模糊的或不完整的信息进行信任判断是很困难的，因此，"第三方关系"便成为帮助医患个体进行初始信任判断的重要媒介，信任方往往会利用第三方传递的可信度线索来补充和完成有关被信任方可信度的判断。例如，当患方接收到第三方传递的"某位医生技术高、服务态度好"这样的信息时，患方可以快速形成对该医生的信任信念。也就是说，信任是可以传递的，信任传递对于初始关系更为重要，且如果第三方是信任方所信任的，那么他们提供的信息在进行信任判断时会被赋予更大的权重（Ferrin，Dirks，& Shah，2006）。鉴于此，关系就医便成为中国医患之间建立初始信任的一种工具性方法，利用"第三方关系"传递的可信度线索进行信任判断，以形成医患初始信任判断的认知捷径。

当下中国社会，关系就医已经不是个别患者的就医行为逻辑，"通过熟人找医生，找职称高的主任医师看病，托关系找到的医生更可信"这种观念已根深蒂固，依托关系建立初始信任似乎已经成为一种普遍的医患社会心态。已有研究发现，关系信任取向在中国社会的医患关系中普遍存在，患者在就医的过程中试图采取拉关系、找门路的方法来降低信息不对称的风险和自身的心理地位弱势感。调查显示，高达70.6%的患者希望通过关系就医，86.6%的医生接受关系就医行为，更重要的是，40.7%的患者认为通过关系介绍的医生更可信（屈英和、田毅鹏、周同梅，2010）。也有调查发现，患者甚至认为通过关系就医获得的治疗方案更加值得信任，21.1%的患者认为关系对治疗方案有明显影响，55.3%的患者认为有些影响，只有 23.6% 的患者认为关系对治疗方案没有影响（屈英和、钟绍峰，2012）。而针对医方的调查发现，医方的初始信任也呈现明显的关系信任取向：86.6% 的医方接受关系就医行为（屈英和，2010），24.7% 的医方认为熟识的患者更容易建立良好的关系，18.1% 的医方认为熟人介绍的患者更容易交往（黄春锋、黄奕祥、胡正路，2011）。

医生个体之间医术与医德的差异也是患者采取关系就医行为的原因之一。关于关系就医行为动机的调查显示，52.8% 的患者认为看病找关系是为了"找更好的专家看病"（屈英和、周同梅，2010），患者期望通过第三方关系找到医术好、职称高、经验丰富的医生作为自己的主治医师，以争夺优势的医疗资源。早期行为主义学派的研究人员在模拟互动和信任游戏中观察个体行为，例如囚徒困境，他们认为，衡量信任的核心就是个体合作或是不合作的选择，合作选择（cooperative choice）被视为一种可观察到的、外显的信任行为（Flores & Solomon，1998）。信任者必须做出理性的决策，在多大程度上与哪位被信任者合作，根据被信任者合作行为的程度及频率来推断被信任者的意图、动机及其可信性。因此，患者在初次就诊时选择哪一位主治医师，这种合作选择也是医患初始信任的外显行为之一。在医患关系的初始阶段，医患个体之间没有交互作用的历史，可获得的信任线索通常只有类别与角色信息，除了医院的专家系统、网络查询等手段，患者往往更信任通过第三方关系获得的医生个体的类别与角色信息，如医生的职称、学历、从医的经验、擅长的领域、口碑等。这些类别与角色信息帮助医患个体形成了一种认知捷径，初始信任判断常常依赖于对方的社会角色、群体成员身份或者刻板印象形成快速认知线索。

二 社会文化情境构建了医患初始信任的建立模式

关系就医与应诊行为背后映射出的是中国医患在人际交往初期较强的关系信任（relational trust）取向，也是中国人以关系为中心的社会生存论在医疗互动场域的一种外在表现。由儒家思想和社会等级观念支配的家庭制度从传统的农业社会一直延续至今，以家庭为中心衍生出的血缘关系、亲属关系和熟人关系构成了中国社会关系的基础，由此"关系认同"塑造了中国人社会心理的深层结构。关系认同在中国人的人际交往过程中具有相当程度的普遍意义，为了与陌生人进行人际交往和互动，中国人常常会通过"共同的朋友"或"朋友的朋友"来化解建立初始信任时的困境。这样的文化基础强调以血缘关系为纽带的对家庭成员和各类亲属的特殊信任（particularistic trust）（Fukuyama, 1995），它至今仍然影响着人们的行为取向，当然，也浸润着身处其中的医患个体的心理和行为，医患信任的模式与特点归根结底是由社会文化情境所构建的。在医患信任关系的建立与发展过程中，制度信任没有必要也不可能完全取代关系信任，因为，中国人即使处于制度之中，也喜欢通过关系来建立信任。不管医院的专家系统设计得如何完备，专家简历介绍得如何详细，患者仍然希望通过关系找到医术高、医德好的医生，通过其可以延伸到的或重新搭建的社会关系网络，将没有交互历史的医患双方纳入共同的关系网中，将医患双方由陌生关系转变成熟人关系，以抵消初始信任本身所包含的不确定性和风险感知（黄晓晔，2013）。

传统的中国社会，医患初始关系中蕴含着不证自明的信任基础，即自古以来中国民众对于医生群体拥有较高的角色期待和内隐的敬畏态度。中国传统医学伦理中所提倡的"医乃仁术"的职业价值观造就了民众对医生群体较高的角色期待。《孟子·梁惠王上》篇中，孟子提到"无伤也，是乃仁术也"，此后，受到儒家仁爱思想的影响，"医乃仁术"的职业价值观一直贯穿中国医学史。例如，北齐医学家李元忠提出："性仁恕，见有疾者，不问贵贱，皆为救疗。"唐代著名医药学家孙思邈在《千金要方·大医精诚》中告诫医者："凡大医治病，必当安神定志，无欲无求，先发大慈恻隐之心，誓愿普救含灵之苦。若有疾厄来求救者，不得问其贵贱贫富，长幼妍媸，怨亲善友，华夷愚智，普同一等，皆如至亲之想。"明代名医陈实功在《外科正宗》中提出"医家五戒十要"，为医者角色划定了具体的行为准绳。其中，"五戒"是指"一戒重富嫌贫，二戒行为不检，三戒图财贪利，四戒玩忽职守，五戒轻浮虚伪"（马艳艳，2013）。而反观汉语中"大夫"称谓的由来也能体现民众对于医生群体内隐的敬畏态度。"大夫"这一称谓的语义渊源最早可以追溯到先秦时期诸国的高级官职称谓，即在国君之下设有卿、大夫、士三级。宋朝时，医务制度和医学管理有了一定的发展，医官中最高级是大夫，其次为郎，以下设有医效、祗候等。因为大夫是医官中最高级的职位，民众便将"大夫"作为对医生的尊称并一直沿用至今（阎泽川，2013）。

高角色期待与内隐的敬畏态度为传统医患关系中初始信任的建立奠定了基础，这种内隐态度（implicit attitude）是患者过去的就医体验和对于医生群体已有的态度积淀下来而形成的一种无意识的痕迹，它潜移默化地影响患者对医生群体的认知、情感和行为反应。然而，20世纪80年代以来，在医疗体制的市场化改革推动下，以药养医、收入与患者挂钩、科室包干等制度沉疴的累积催发了医患之间的群际冲突与矛盾。患者对于医生群体的角色认知出现了"济世的医者"与"逐利的商人"之间的尖锐冲突，患者对于医生的高角色期待无法被满足，传统医患关系中的初始信任基础逐渐动摇、瓦解甚至失去效用，而社会转型过程中的制度信任尚未确立。因此，医患双方试图借助社会关系纽带形成初始信任判断的认知捷径，这种就医与应诊行为实际上也反衬出当今社会医患两个群体之间的"预设性不信任"（李德玲、卢景国，2011）。

也有学者将关系就医行为视为一种患者不道德的就医行为，是患者或患者家属违反就医情境中医患普遍接受的社会准则与行为规范、破坏医疗秩序的就医行为，并认为患者信任度越低，关系就医的行为意向就越强（李家伟等，2012）。实际上，不能简单地用道德框架来定性关系就医和应诊行为正当与否，因为，与恶意的医暴、医闹、故意拖欠医药费、过度医疗等不道德就医和诊疗行为相比较，关系就医与关系信任在一定程度上体现了中国医患初始信任建立的社会心理机制，也是个体应对当前医患信任危机的一种情理化适应策略。当然，这里并不是为无原则的托关系就医与应诊行为正名，而是试图说明一个事实：社会文化情境构建了处于其中的医患个体的心理与行为，医患初始信任的建立模式与特点也是由社会文化情境所决定的。

三　乡村基层医疗机构的医患初始信任：
熟人共同体内的关系信任

医患信任包含医方信任与患方信任两个分析层次，其中患方信任是技术性信任和非技术性信任的有机统一体。这里，技术性信任指患方对医方诊疗技术能力与沟通能力的信任；而非技术性信任指患方对医方人格与职业道德的信任（Ozawa & Sripad，2013；黄春锋、黄奕祥、胡正路，2011）。尽管我国乡村基层医疗机构的诊疗技术水平偏低，医疗设备、药品种类和公共卫生条件等方面较之城市大医院也存在较大的差距，但国内很多研究却发现乡村地区医闹和医暴事件爆发的频率反而较小，医患关系较为缓和。例如，国家卫生和计划生育委员会统计信息中心公布的《2013 年第五次国家卫生服务调查分析报告》显示，医务人员认为患者信任自己的比例按照城市大医院（44.4%）、乡镇卫生院（52.3%）、社区卫生服务中心（53.7）依次增加；医务人员认为患者不信任自己的比例按照城市大医院（12.7%）、社区卫生服务中心（6.0%）、乡镇卫生院（5.1%）依次减少，乡村地区的医患信任状况远远优于城市大医院（王帅、张耀光、徐玲，2014）。

对比城市大医院与乡村基层医疗机构，医患之间建立和发展初始信任的就医情境是各不相同的。在城市大医院，基于声望和技术水平，初次见面的医患之间原本具备一定水平的人际初始信任。但是，随着大量的危重和疑难病症患者涌向城市大医院，"三长一短"（挂号排队时间长、候诊等待时间长、交费取药时间长、医生问诊时间短）的就医情境引发了患方的不满情绪（Dai, Wang, & Ayala, 2016）。而这些危重和疑难病症患者及其家属普遍处于心理应激状态，表现出抑郁、焦虑、无助、愤怒、绝望等情绪应激和非适应性行为（Powell, Tarr, & Sheridan, 2013）。相比低抑郁情绪的患者个体，高抑郁情绪的患者个体表达观点、提出意见的次数偏少，更少地参与医疗决策过程，与医生互动的意愿更低（Beverly et al., 2012）。医患初始信任有着计算型信任（Calculus-Based Trust）的特征，由于缺少互动和了解，这一阶段形成信任的主要心理机制在于医患双方对收益感知与风险感知的计算过程，理性的计算多于感性的认同（汪新建、王丛、吕小康，2016）。在情绪应激状态下，一旦确诊为重大疾病或绝症，或是治疗初期的效果不好、病情恶化，患方的风险感知急速提升，就势必会产生怀疑、哀伤、愤怒、绝望等对抗性情绪，这些"情绪能量"（emotional energy）成为医患初始信任的鸿沟，如果持续发酵到了无法控制的地步甚至可能会转化成暴力或攻击行为（柯林斯，2009）。可以想象，城市大医院的医患双方面临着初始信任进一步发展下去的困境：患方被初诊时和治疗初期的恶劣心境困扰，医方被恶劣执业环境中的消极情绪和职业倦怠感围绕。此时，关系就医与应诊行为便成为医患双方试图打破这一困境的策略性尝试。

反观乡村基层医疗机构，一方面，其就诊量较少，熟人圈子内的口碑和本乡本土的熟人"客源"决定了村医的收入，因此村医与村民的人际互动中加入了更多的人文关怀、心理疏导、社会支持等元素。村民与其家属可以充分参与到治疗决策中，这种"医患共同决策"的互动模式摒弃了现代生物医学模式中以冰冷的器械和各种检查指标为中心、医生主导、患者失语的冷漠习惯（景军、黄鹏程，2016）。乡村医疗机构的科层组织结构更为扁平化，医患之间的沟通频率较高，而沟通频率在个体的信任倾向与可信性感知之间起到重要的调节作用（Becerra & Gupta, 2003）。另一方面，乡村医疗机构接诊的多为小病和常见病，患者及其家属情绪应激反应较小，初诊和治疗初期较低的风险感知、较少的对抗性情绪降低了初始信任建立与发展的难度。一些国内研究者利用医学人类学意义上的参与观察和个案分析等方法发现，我国村民与村医之间具有较高的互信程度。例如，梁立智等人（2012）对北京乡村医患关系的调查表明，在村民对村医的态度评价中，信任排在第一位，有的村民表示"信任村医的人品"，有的村民则表示"信任村医的技术和人品"。也有调查显示，我国村民对乡镇卫生院医生的信任程度明显低于对村卫生室村医的信任程度（邓晓晓、王晓燕、杨佳，2015）。这是因为，我国乡村地区的卫生服务体系通常划分为县医院、乡镇卫生院和村卫生室三级。其中，县医院和乡镇卫生院属于专业化和科层化的正式组织，只有村卫生室是嵌入在农村社区内部的，村医有着亦农亦医的身份，其角色类似于西方的全科医生，但只承担常见病、多发病的初级诊治，村民对于村医有限的诊疗水平和村卫生室的硬件条件有着正确的认知和心理预期。对乡村医患信任状况的田野调查发现，"熟悉"是增强村民对村医信任的首要因素，其次是"诊疗技术"，最后才是"职业道德"（周新歌等，2015）。村民对于村医的初始信任是建立在家庭关系、血缘关系、亲属关系等熟人共同体内的关系信任，这种关系信任源自村民与村医之间的社会相似性，即他人与自己在家庭背景、社会阶层、价值观念等方面的相似性和共同特性（张奎力，2014）。在一段新的人际关系中，可信性感知与双方人口统计变量的相似性具有相关关系。由于人口统计变量的相似性，个体并不会将对方或自身视作独一无二的个体，而是某种相关原型（prototype）的代表，这实质上是一种去个性化的过程，个体对自身所属群体的忠诚和依恋便是根植于对该原型的情感和态度。人们在互动初期会立即使用明显的人口统计学特征，如种族、性别和国籍等对他人进行归类并以此预测他人的行为。因此，人们深信具有和自身的人口统计变量相似性的人们更加诚实、可信，并且更具有可合作性（Levin，Whitener，& Cross，2006）。即使村医的医术可能不及城市大医院的医生，但是在互动初期，由关系信任产生的人格信任也可能会投射到对村医的技术性信任之上。

四　结语

作为社会信任危机的一个缩影，相互猜忌、相互提防体现了当下中国一种普遍的医患社会心态。中国的医患信任关系有着与西方医患同质性的一面，更有着中国特色的一面，医患信任危机是转型期"中国体验"的一种，那么，关系就医与关系信任只是医患个体打破医患初始信任困局的一种尝试。医患初始信任的建立与演变并不一定存在完全统一的模型，这是由文化情境的多样性决定的，中国人以"关系认同"为中心的社会生存论、乡村熟人社会的就医情境、传统的医学伦理观和中国本土的身体观、疾病观、死亡观等内容，都会从不同程度上浸润医患个体的心理与行为。鉴于此，有必要从文化心理学的视角重新审视中国医患个体的心态世界和情感世界，使用医学人类学意义上的参与式观察、个案追踪等手段，并结合常规研究中的问卷调查、实验模拟、大数据分析等技术，深度挖掘医患信任建立与动态演变的社会心理机制，在探讨一般性规律的同时兼顾中国文化情境的特殊性，使其理论和干预模型更能贴近社会运作的实际。

参考文献

邓晓晓、王晓燕、杨佳，2015，《北京市乡村两级卫生机构医患信任影响因素调查》，《医学与社会》第 3 期，第 52 ~ 54 页。

黄春锋、黄奕祥、胡正路，2011，《医患信任调查及其影响因素浅析》，《医学与哲学》（人文社会医学版）第 4 期，第 20 ~ 22 页。

黄晓晔，2013，《"关系信任"和医患信任关系的重建》，《中国医学伦理学》第 3 期，第 300 ~ 302 页。

景军、黄鹏程，2016，《医患关系对农村抗生素滥用的作用：以五个乡村诊所为例》，《贵州民族大学学报》（哲学社会科学版）第 3 期，第 45 ~ 53 页。

兰德尔·柯林斯，2009，《暴力：一种微观社会学的观点》，刘冉译，北京：北京大学出版社。

李家伟、景琳、杨莉、钟生艳，2012，《医患关系质量对患者不道德就医行为影响的实证研究》，《中国卫生事业管理》第 6 期，第 422 ~ 425 页。

李德玲、卢景国，2011，《从患者视角看预设性信任/不信任及其根源》，《中国医学伦理学》第 2 期，第 201 ~ 203 页。

梁立智、吕兆丰、王晓燕、杨佳、宋晓霞，2012，《赤脚医生时期北京村落医患关系内容及特点调查研究》，《中国医学伦理学》第 1 期，第 50 ~ 53 页。

马艳艳，2013，《中医传统医德对护理系学生职业价值观教育的影响》，《医学与社会》第 6 期，第 95 ~ 97 页。

屈英和，2010，《"关系就医"取向下医患互动的错位与重构》，《社会科学战线》第 2 期，第 242 ~ 245 页。

屈英和、田毅鹏、周同梅，2010，《"关系就医"现象的调查与分析》，《医学与哲学》（人文社会医学版）第 2 期，第 32 ~ 33 页。

屈英和、周同梅，2010，《"关系就医"取向下"医生权威"的调查与分析》，《医学与哲学》（人文社会医学版）第 11 期，第 34 ~ 36 页。

屈英和、钟绍峰，2012，《"关系就医"取向下医患互动错位分析》，《医学与哲学》

（人文社会医学版）第 11 期，第 34 ~ 36 页。

王俊秀、杨宜音主编，2013，《中国社会心态研究报告（2012—2013）》，北京：社会科学文献出版社。

王帅、张耀光、徐玲，2014，《第五次国家卫生服务调查结果之三——医务人员执业环境现状》，《中国卫生信息管理》第 4 期，第 321 ~ 325 页。

汪新建、王丛、吕小康，2016，《人际医患信任的概念内涵，正向演变与影响因素》，《心理科学》第 5 期，第 1093 ~ 1097 页。

阎泽川，2013，《医生称大夫的由来》，《文史博览》第 1 期，第 35 ~ 35 页。

张奎力，2014，《赤脚医生与社区医患关系——以社会资本理论为分析范式》，《社会主义研究》第 6 期，第 119 ~ 127 页。

周新歌、申昆玲、王晓燕、于丽玲、马晓、周慧姊，2015，《北京市 H 区农村医患信任状况及存在的问题分析》，《医学与社会》第 6 期，第 1 ~ 3 页。

Becerra, M., & Gupta, A. K. (2003). Perceived trustworthiness within the organization: The moderating impact of communication frequency on trustor and trustee effects. *Organization Science*, 14 (1), 32 – 44.

Beverly, E. A., Ganda, O. P., Ritholz, M. D., Lee, Y., Brooks, K. M., Lewis-Schroeder, N. F., Weinger, K. (2012). Look who's (not) talking diabetic patients' willingness to discuss self-care with physicians. *Diabetes Care*, 35 (7), 1466 – 1472.

Dai, J., Wang, X., & Ayala, F. J. (2016). Medical informatics and the "three long, one short" problem of large urban hospitals in China. *JAMA*, 316 (3), 269 – 270.

Ferrin, D. L., Dirks, K. T., & Shah, P. P. (2006). Direct and indirect effects of third-party relationships on interpersonal trust. *Journal of Applied Psychology*, 91 (4), 870 – 881.

Flores, F., & Solomon, R. C. (1998). Creating trust. *Business Ethics Quarterly*, 8 (2), 205 – 232.

Fukuyama, F. (1995). *Trust: The Social Virtues and the Creation of Prosperity*. New York: Free Press.

Hesketh, T., Wu, D., Mao, L., & Ma, N. (2012). Violence against doctors in China. *British Medical Journal*, 384 (9945), e5730.

Hillen, M. A., de Haes, H. C., & Smets, E. (2011). Cancer patients' trust in their physician-a review. *Psycho-Oncology*, 20 (3), 227 – 241.

Hillen, M. A., de Haes, H. C. J. M., Stalpers, L. J. A., Klinkenbijl, J. H. G., Eddes, E. H., Butow, P. N., et al (2014). How can communication by oncologists enhance patients' trust? An experimental study. *Annals of Oncology*, 25 (4), 896 – 901.

Lancet, T. (2012). Ending violence against doctors in China. *The Lancet*, 379 (9828), 1764.

Lancet, T. (2014). Violence against doctors: Why China? Why now? What next? . *The Lancet*, 383 (9922), 1013.

Levin, D. Z., Whitener, E. M., & Cross, R. (2006). Perceived trustworthiness of knowledge sources: The moderating impact of relationship length. *Journal of Applied Psychology*, 91 (5), 1163 – 1171.

Lyu, Z. , Wu, S. , Cai, Z. , & Guan, X. （2016）. Patient-physician trust in China: Health education for the public. *The Lancet*, 388（10063）, 2991.

Ozawa, S. , & Sripad, P. （2013）. How do you measure trust in the health system? A systematic review of the literature. *Social Science & Medicine*, 91（1）, 10 – 14.

Powell, N. D. , Tarr, A. J. , & Sheridan, J. F. （2013）. Psychosocial stress and inflammation in cancer. *Brain, Behavior and Immunity*, 30（Suppl）, S41 – S47.

Robert, L. P. , Denis, A. R. , & Hung, Y. T. C. （2009）. Individual swift trust and knowledge-based trust in face-to-face and virtual team members. *Journal of Management Information Systems*, 26（2）, 241 – 279.

Tucker, J. D. , Cheng, Y. , Wong, B. , Gong, N. , Nie, J. B. , Zhu, W. , ... & Wong, W. C. （2015）. Patient-physician mistrust and violence against physicians in Guangdong Province, China: A qualitative study. BMJ Open, 5（10）, e008221.

Zhao, L. , Zhang, X. Y. , Bai, G. Y. , & Wang, Y. G. （2014）. Violence against doctors in China. *The Lancet*, 384（9945）, 744.

《中国社会心理学评论》投稿须知

《中国社会心理学评论》是由中国社会科学院社会学研究所主办的学术集刊。本集刊继承华人社会心理学者百年以来的传统，以"研究和认识生活在中国文化中的人们的社会心理，发现和揭示民族文化和社会心理的相互建构过程及特性，最终服务社会，贡献人类"为目的，发表有关华人、华人社会、华人文化的社会心理学原创性研究成果，以展示华人社会心理学研究的多重视角及最新进展。

本集刊自 2005 年开始出版第一辑，每年一辑。从 2014 年开始每年出版两辑，分别于 4 月中旬和 10 月中旬出版。

为进一步办好《中国社会心理学评论》，本集刊编辑部热诚欢迎国内外学者投稿。

一、本集刊欢迎社会心理学各领域与华人、华人社会、华人文化有关的中文学术论文、调查报告等；不刊登时评和国内外已公开发表的文章。

二、投稿文章应包括：中英文题目、中英文作者信息、中英文摘要和关键词（3~5 个）、正文和参考文献。

中文摘要控制在 500 字以内，英文摘要不超过 300 个单词。

正文中标题层次格式：一级标题用"一"，居中；二级标题用"（一）"；三级标题用"1"。尽量不要超过三级标题。

凡采他人成说，务必加注说明。在引文后加括号注明作者、出版年，详细文献出处作为参考文献列于文后。文献按作者姓氏的第一个字母依 A－Z 顺序分中、外文两部分排列，中文文献在前，外文文献在后。

中文文献以作者、出版年、书（或文章）名、出版地、出版单位（或期刊名）排序。

例：

费孝通，1948，《乡土中国》，北京：三联书店。

杨中芳、林升栋，2012，《中庸实践思维体系构念图的建构效度研究》，《社会学研究》第 4 期，第 167~186 页。

外文文献采用 APA 格式。

例：

Bond, M. H. (Ed.) (2010). *The Oxford Handbook of Chinese Psychology*. New York, NY: Oxford University Press.

Hong, Y. Y., Morris, M. W., Chiu, C. Y., & Benet-Martinez, V. (2000). Multicultural minds: A dynamic constructivist approach to culture and cognition. *American Psychologist*, 55, 709 – 720.

统计符号、图表等其他格式均参照 APA 格式。

三、来稿以不超过 15000 字为宜，以电子邮件方式投稿。为了方便联系，请注明联系电话。

四、本集刊取舍稿件重在学术水平，为此将实行匿名评审稿件制度。本集刊发表的稿件均为作者的研究成果，不代表编辑部的意见。凡涉及国内外版权问题，均遵照《中华人民共和国版权法》和有关国际法规执行。本集刊刊登的所有文章，未经授权，一律不得转载、摘发、翻译，一经发现，将追究法律责任。

五、随着信息网络化的迅猛发展，本集刊拟数字化出版。为此，本集刊郑重声明：如有不愿意数字化出版者，请在来稿时注明，否则视为默许。

六、请勿一稿多投，如出现重复投稿，本集刊将采取严厉措施。本集刊概不退稿，请作者保留底稿。投稿后 6 个月内如没有收到录用或退稿通知，请自行处理。本集刊不收版面费。来稿一经刊用即奉当期刊物两册。

中国社会心理学评论编辑部

主编：杨宜音

主办：中国社会科学院社会学研究所

联系电话：86 – 10 – 85195562

投稿邮箱：ChineseSPR@ 126. com

邮寄地址：北京市东城区建国门内大街 5 号中国社会科学院社会学研究所中国社会心理学评论编辑部，邮编 100732

Chinese Social Psychological Review
Vol. 14

Table of Contents & Abstracts

· Doctor-Patient Trust and Conflicts ·

**The Social Psychological Mechanism of the Construction of
   Doctor-Patient Trust**

   Abstract: The trust crisis between doctors and patients has become a severe
social problem, which has received extensive attention. From the perspective of
social psychology, this paper makes a review of the concept, type, theory and
research status of the doctor-patient trust relationship. Based on this, this paper
puts forward the deficiency of previous research in the doctor-patient trust area,
and tries to construct a comprehensive model of social psychological mechanism in
the construction of doctor-patient trust relationship. It may be meaningful for the
future research on the doctor-patient trust relationship.
   Keywords: doctor-patient trust, institution-based trust, interpersonal trust,
intergroup trust

**Construction of the Optimized Model of Doctor-Patient Relationship
   Based on PAC Theory**

   Abstract: In medical activities, both doctors and patients hold certain psychological state in their communication, due to their different personality traits. These psychological states have a direct impact on the quality of communication between doctors and patients. Based on the PAC theory, this paper discussed the expression characteristics of different psychological states (parent ego state, adult ego state, and child ego state) in communication, as well as the impact of these psychological states on the effectiveness of medical activities. Furthermore, the optimal interaction patterns in doctor-patient relationship are put forward in this paper——"AA – AA" in daily medical service and "PC – CP" in emergency medical service. This paper suggests that hospital manager should train the doctors systematically with PAC theory, strengthen their ability to recognize the PAC ego states, help them improve their psychological state in communication, and encourage them to guide patients to take P ego state. In this way, we can build a trusting, cooperative, harmonious doctor-patient relationship.

Keywords: PAC theory; doctor-patient relationship; interaction pattern

The Role Conflict of Doctors-Patients and the Dilemma of Doctor-Patient Trust   *Wu Lin   Wu Yue* / 25

Abstract: The root of the dilemma of doctor-patient trust in China lies in the role conflict of the doctors and patients caused by social transformation. In the process of the transformation of doctor-patient relationship from traditional one to modern one, there come into being four types of role conflicts in the fields of social communication, health culture, medical practice, and market relationship. Under the role of conflicts, the patients may feel unequal and consider that they are in a disadvantaged position. As a result, it is difficult to build trust between doctors and patients. If we want to rebuild doctor-patient trust in our society, it is necessary to start with the change of the disadvantaged position of the patients defined psychologically by themselves. It is the core of the construction of doctor-patient trust t to redefine the relationship between doctors and patients and establish a new type of role norms.

Keywords: doctor-patient trust; role conflict; role identity

The Influence of Exchange Resource Features on
Doctors-Patients Trust
Cheng Jie-ting / 37

Abstract: Exchanging resources between doctors and patients is the process to feed both parties' and doctors' needs as well as the opportunity to show that they can be trusted. The transparency, negotiation, and continuity, as the features of resource exchange, affect doctors-patients trust. If doctors show the medical records, illustrate treatment and outcomes, and popularize medical terms, and if patients offer their preference, willingness and feedback on the medical information, transparency of doctor-patient resource exchange will be improved, which will help them to identify the risk and make shared decision making possible. It also could grant patients the power to accept or reject some kind of treatment with the medical resource transparency, as a result of which doctors and patients will both benefit from this negotiation, especially in the respect of avoiding risk and building trust. In addition, a kind of reciprocal exchange through the resource named Renqing or Guanxi doesn't work continuously unless all the exchange parties insure their benefits. Therefore favorable result of continuity of exchange resource doctors and patients will also play a role in telling each other that they are worthy of being trusted.

Keywords: social exchange; doctor-patient trust; transparency; negotiated exchange; reciprocal exchange

Patients' Social Status Perception and Trust in Medicine: the
Different Influencing Factors
Zhu Yan-li / 52

Abstract: Is there a relationship between individual social status perception and the patient's trust in medicine? And what are affected factors? Study primed social status perception and examined the level of trust-in-doctors of 300 patients who had visited doctors by their own or with family members in the past year. The results showed that: (1) There was no correlation between social status perception and patients' trust in medical treatment. (2) The correlation and regression analysis showed that, the family income had significant positive influence on the medical trust of the patients with high social status perception group ($\beta = 0.18$, $p < 0.05$), and could explain the 3% variation of the medical trust score of the High status perception group effectively. (3) The results of the difference test showed that there were significant gender differences in the patients' trust in the low status perception group, and the males were significantly higher than females [t (1, 258) = 2. 21, $p < 0.05$]. Conclusions: social status perception is not correlated to the patients ' trust, and the influence factors of the social perception group on the medical trust are different. That is, the influence factors of the high status perception group on the medical trust are the family economic income, and the influence factors of the low social perception group on the medical trust is gender.

Keywords: doctor-patient trust; social status perception; relationship cognition; family economic income; gender

Intergroup Competitive Victimhood and Its Countermeasures in Doctor-Patient Conflicts   *Ai Juan* / 63

Abstract: A group's motivation and consequent efforts to establish that it has suffered more than its adversaries are called inter-group competitive victimhood, ICV. In doctor-patient conflicts, doctors group and patients group may respectively compete over different dimensions of victimhood and key traumatic events, try their best to claim that they suffered more than the other group. There were various psychological bases and motivations behind ICV, and the existence of ICV serves various functions. For the patients group, they would obtain more economic compensation and social supports by aid of ICV, however, in term of doctors group, weaken responsibilities of conflicts and maintain occupation dignity. ICV impedes the reconciliation of doctor-patient conflict. Direct and indirect doctor-patientgroup contact, and construct both common victim identity would lower the level of ICV.

Keywords: sense of victimhood; doctor-patient relationship; doctor-patient conflicts; intergroup contact

Meta-Stereotype Threat Effects on Doctor-Patient Relationship: Mediating Effects of Intergroup Anxiety
He Wen   Zhu Jia-li   Sun Ya-wen   Wang Xiao-lan   Bai Yong-hai / 74

Abstract: The social cognitive theory indicates that meta-stereotype affects intergroup relations widely and meta-stereotype threat has a destructive effect on intergroup relations. In addition, intergroup anxiety plays an important mediating role between meta-stereotype threat and intergroup relations. Thus, this paper explores the internal mechanism between meta-stereotype manipulation and doctor-patient relationship by means of the experimental method. Forty-seven doctors and fifty-eight patients were randomly assigned to a meta-stereotype threat (MST) group and a non-MST group. The results indicate: (1) The intergroup anxiety under the meta-stereotype threat (MST) condition was higher than the case of non-MST condition, doctor-patient relationship of MST condition was worse than the case of non-MST condition, the doctor-patient relationship among doctors was worse than the patients'. (2) Intergroup anxiety entirely mediates the effects of meta-stereotype on doctor-patient relationship.

Keywords: doctor-patient relationship; meta-stereotype threat; intergroup anxiety

· Social Trust ·

Mutual Construction of Tolerance and Trust as Social Mentality: Framework of Recognition-Contagion Model   *Zhang Shu-min* / 85

Abstract: Tolerance is the positive mental state that one can treat values, manners, and other social beings peacefully and inclusively. It consists tertiary level: interpersonal tolerance, intergroup tolerance, and cultural tolerance. Tolerance on each level could serve as a particular source of trust to facilitate social trust. A recognition-contagion model is proposed in this paper to postulate the mutual construction relationship between social tolerance and social trust. The bottom-to-top contagion mechanism acts from interpersonal to intergroup then to the cultural level, while the top-to-bottom recognition mechanism acts from cultural to intergroup to personal level. Better measurable dimensions and indexes and more empirical evidence are needed to support this model.

Keywords: tolerance; trust; forgiveness; social mentality; recognition-contagion model

The Influence of Childhood Experience and Current Pressure Perception on Interpersonal Trust   *Zhou Yi-qi   Zhang Meng-xuan   Guan Jian* / 96

Abstract: Based on the life-history theory, this research aims to find out how the impact of childhood experiences have on interpersonal trust in adulthood and what the intervening mechanism is. It also examines how the effect of perception of current environment have on interpersonal trust. The results of this research suggest: (1) Childhood resources have a significant positive prediction on the level interpersonal trust in adulthood. People who grew up in a relatively resource-scarce environment have lower interpersonal trust than those who grew up in a resource-plentiful environment. (2) Interpersonal trust in adulthood have significant difference based on different subjective socioeconomic status in childhood. People with higher socioeconomic status in childhood have higher interpersonal trust than those with lower socioeconomic status in childhood. (3) Childhood instability has a significant reverse prediction on the level of interpersonal trust in adulthood, which security is the intervening mechanism. That means greater early-life unpredictability may influence interpersonal trust in adulthood through security. (4) The perception of the current environment will affect the interpersonal trust. It will damage interpersonal trust when people feel more pressure in current environment. But the effect does not depend on people's childhood experiences. It is of great value to pay attention to early childhood growth environment and keep society stable, which can be benefit for the harmonious and healthy development of society.

Keywords: childhood experience, life strategy, security, interpersonal trust

A Preliminary Investigation on the Relationship Between Social Trust and Family Happiness: A study based on data of Chinese Family Happiness Survey   *Wang Lei* / 111

Abstract: In recent years, people are concerned more about social trust and family happiness. However, there is no study on the relationship between social trust and family happiness. Based on China Family Happiness Survey in 2014, the relationship is investigated. It is found that firstly, the variables such as age, marriage status and self-reported health level have significant effect on social trust; secondly, it exists a significant positive relationship between trusting others and being trusted by others; thirdly, social trust follows a hierarchical order and people tend to trust institutional units such as government and policemen; lastly, people have higher family happiness scores when they have higher social trust level or they are trusted more by others. This study will improve peoples' understanding on social trust problems in China and inspire people to improve peoples'family happiness scores and family construction from increasing social trust level.

　　Keywords: social trust; family happiness; family building

The Impact of Consumption Inequality on Social Trust: The interme-
diary effect of social status　　*Lv Xiao-kang　Fu Xin-peng　Wu Di* / 129

　　Abstract: In order to study the intermediary effect of social status in the re-
lationship between consumption inequality and social trust level, the use of China
Family Panel Studies (CFPS2014) data analysis found that the residents of the in-
dividual and family social status of the intermediary effect is significant, and the
consumption gap by reducing the social trust and thus affects the social status. In
the areas where the consumption gap is large, residents generally think that their
social status is low, and the consumption gap significantly reduces the social status
of the family. People with high social status have higher levels of social trust, and
people with low social status have lower social trust Level, thus reducing the
whole social level of social trust.

　　Keywords: consumption gap; social trust; social status; china family pan-
el studies

· Perception and Repair of Doctor-Patient Trust ·

The Effect of Implicit Theories of Personality and Strategies of
Apology on Trust Repair　　*Yao Qi　Xu Chen-luy　Wang Jing-yan* / 139

　　Abstract: Previous research on trust repair primarily focused on how differ-
ent types of violations and repair efforts influence trust recovery from transgressors'
perspective. Yet few research examined the characteristics of trustors, no mention
from the dual perspectives (i. e., both the perspectives of transgressor and of
trustor). This study aimed at the trust violation caused by an employee' job-
hopping which has broken his promise. We selected 383 undergraduates as partici-
pants and adopted a 2 (trustor's implicit theories of personality: entity
vs. incremental theorist) × 2 (transgressor's strategies of apology: internal vs.
external attribution) between-subject experimental design in order to examine
how the trustor's implicit theories of personality and transgressors' strategies of a-
pology influence the trust recovery. The findings showed that the apology of in-

ternal attribution was more effective to repair trust than that of external attribution and that this effect was much more significant when the trust was an entity theorist, relative to an incremental theorist. The findings supported the cultural differences in trust repair and shed implications on both theoretical research and practices on trust repair.

Keywords: trust repair; implicit theories of personality; apology

A Study on Doctors' Responsibility Attribution of Negative
Medical Outcomes   *Wang Xin-jian   Shen Yue* / 151

Abstract: In this study, we used case-based situational approach and three-factor inter-experimental design to examine doctors' attribution of responsibility to negative medical outcomes from three aspects: the size of the outcome event, the controllability of the outcome event, and the level of involvement. The results showed that the size of the events had a significant impact on the variables of responsibility, anger, criticism, verbal attacks and physical attacks, but had no effect on the variable of trustworthiness of the experts. The controllability of events had a significant impact on the variables of responsibility, anger, criticism, verbal attacks and physical attacks, but had no effect on the variable of trustworthiness of experts. The level of involvement had influence on variables of responsibility, anger, criticism, verbal attacks and trustworthiness of experts, but had no effect on the variable of physical attacks.

Keywords: attribution of responsibility; negative medical outcomes; doctor-patient relationship; doctor-patient trust

Relational Hospitalization and Relational Trust: A Cognitive Shortcut
for Chinese Doctor-Patient Initial Trust Judgments
Wang Hua   Liu Jin-lan / 161

Abstract: Relational hospitalization and relational trust is a cognitive shortcut based on which Chinese doctors and patients make their initial trust judgments. It's a manifestation of the Chinese "relationship-oriented" social theories about survival in the medical interaction field. Doctor-patient initial trust in rural areas of China is a kind of relational trust built in the community of acquaintances. In the rural medical situation, the doctor-patient shared decision-makinginteractive model, lower risk perception and less emotional stress of patients decrease the difficulty in establishing doctor-patient initial trust. Since the foundation for initial trust in traditional doctor-patient relationship has gradually been shaken, and the institution-based trust has not been established in the course of social transformation, it's necessary to introduce perspectives of cultural psychology, and to reflect on the importance of building doctor-patient trust under concrete socio-cultural contexts.

Keywords: relational hospitalization; relational trust; doctor-patient initial trust; cultural psychology

Call for Papers　　　　　　　　　　　　　　　　　　　　　　／ 172

图书在版编目（CIP）数据

中国社会心理学评论. 第 14 辑 / 杨宜音主编. -- 北
京：社会科学文献出版社，2018.6
ISBN 978 - 7 - 5201 - 2511 - 6

Ⅰ.①中…　Ⅱ.①杨…　Ⅲ.①社会心理学 - 研究 - 中
国 - 文集　Ⅳ.①C912.6 - 0

中国版本图书馆 CIP 数据核字（2018）第 059649 号

中国社会心理学评论　第 14 辑

主　　编／杨宜音
本辑特约主编／汪新建　　吕小康

出 版 人／谢寿光
项目统筹／佟英磊
责任编辑／佟英磊　　马甜甜

出　　版／社会科学文献出版社 · 社会学出版中心（010）59367159
　　　　　　地址：北京市北三环中路甲 29 号院华龙大厦　邮编：100029
　　　　　　网址：www.ssap.com.cn
发　　行／市场营销中心（010）59367081　59367018
印　　装／三河市龙林印务有限公司

规　　格／开 本：787mm × 1092mm　1/16
　　　　　　印 张：12　字 数：211 千字
版　　次／2018 年 6 月第 1 版　2018 年 6 月第 1 次印刷
书　　号／ISBN 978 - 7 - 5201 - 2511 - 6
定　　价／59.00 元